백광현 변호사의 페어 플레이

영화관 팝콘
비싸도 되는
이 —— 유

백광현 변호사의 페어 플레이

영화관 팝콘 비싸도 되는 이유

2019년 4월 5일 초판 발행
2025년 6월 3일 3판 발행

지 은 이	백광현
발 행 인	이희태
발 행 처	삼일피더블유씨솔루션
등록번호	1995. 6. 26. 제3-633호
주 소	서울특별시 용산구 한강대로 273 용산빌딩 4층
전 화	(02)3489-3100
팩 스	(02)3489-3141
정 가	30,000원
I S B N	979-11-6784-414-9 93360

백광현 변호사의 페어 플레이

영화관 팝콘
비싸도 되는
이 ──── 유

백광현 지음

SAMIL | 삼일인포마인

가끔 이런 질문을 받는다. "왜 공정거래 분야를 전문으로 했어?" 많은 이유가 떠오르지만 필자는 이렇게 말한다. "공정거래 분야라고 하면 기업들만 관심을 가지는 법이라고만 생각해서 딱딱하고 고리타분하게 느끼지만, 사실은 우리 생활에 알게 모르게 많은 부분이 공정거래 분야랑 관련되어 있고 그래서 알면 알수록 재미있고 실생활에도 많은 도움이 되기 때문"이라고.

예를 들어, 카카오톡으로 선물 받은 기프티콘 유효기간이 늘어난 것도, 여행 가서 렌트카를 반환하면서 기름이 남았을 때 당당히 환불받을 수 있는 것도, 영화관에 들어갈 때 외부 음식을 가져갈 수 있게 된 것도, 택배 배송이 지연되었을 때 배상받을 수 있는 것도, 사실 다 알고 보면 공정거래 분야를 다루는 공정거래위원회가 조사하고 제재하면서 시정하도록 했기 때문이다.

공정거래 분야에 관심을 가지고 전문으로 하는 한 사람으로서 이런 부분을 사람들과 공유하고 알림으로써 공정거래 분야가 기업뿐만 아니라 개인에게도 알면 알수록 도움이 되는 인식을 하게 해서 기왕이면 필자가 전문으로 하는 공정거래 분야에 더 많은 사람들이 관심과 흥미를 가졌으면 하는 바람이다.

아무쪼록 '공정거래' 하면 더 이상 딱딱하고 고리타분하기보다는 기업들은 물론 많은 사람들에게도 정말 알면 알수록 유용하고 재미있는 법이라는 인식이 자리잡히길 바라며, 이 책이 읽은 이에게 공정거래 분야에 좀 더 관심을 가질 수 있는 작지만 의미있는 첫걸음이 되기를 기대해 본다.

2025년 평범하지만 소중한 일상을 기다리며

백 광 현

CONTENTS

Part 1
경쟁정책 이야기

Part 2
소비자정책 이야기

CONTENTS

Part 3
기업거래정책 이야기

Part

01

경쟁정책
이야기

영화관 팝콘
비싸도 되는 이유

'영화관'하면 생각나는 팝콘. 하지만 영화관 매점에서 파는 팝콘과 콜라는 왜 이렇게 비싼지. 그래서 안 사먹겠다고 다짐하지만, 그 다짐은 영화관에 가게 되면 고소한 팝콘 냄새 때문에 어느 새 무너진 채 지갑을 열게 된다. 그래서 어떤 사람은 영화관 근처 편의점에서 팝콘을 몰래 사가지고 들어가기도 한다. 하지만 그럴 필요가 없다. 왜냐하면 편의점에서 산 팝콘도 영화관에 당당히 가지고 들어갈 수 있기 때문이다.

예전에 참여연대 등이 멀티플렉스 3사(CGV, 롯데시네마, 메가박스)에 대한 '관람객 10개 불만사항'을 발표한 적이 있다. 이 중에는 팝콘이나 콜라 가격이 너무 비싸다는 불만사항이 있었다.

이에 대해 참여연대 등은 CGV, 롯데시네마, 메가박스가 팝콘, 콜라 등의 식음료를 비싸게 팔아 부당하게 폭리를 취하고 있다는 취지로 공정위에 신고를 했다. 이에 대해 공정위는 어떠한 답을 했을까.

결론부터 말하면, 공정위는 공정거래법상 문제가 없다고 보았다. 즉, 공정위는 2008년 공정위의 영화관 환경 개선 이후 영화 상영관 내부에 외부 음식물 반입이 가능하고, 참여연대 등의 신고 내용상으로도 내부 식음료의 가격 비교대상이 영화관 외부상품으로 확대되는 등 영화관 내부 매점 시장을 별도 시장으로 획정하기 어렵기 때문에, 영화관 내·외부 식음료 시장에서 CGV, 롯데시네마, 메가박스가 시장지배적 사업자의 위치에 있다고 보기 어려워 공정거래법 적용대상이 아니라고 보았다. 한마디로, 영화관 매점이 아닌 편의점에서도 팝콘을 살 수 있는 선택권이 관객에게 있기 때문에 굳이 영화관 매점에서 파는 팝콘 등 가격이 비싸다고 해서 이를 폭리라고 보기 어렵다는 것이다.

참고로, 공정위는 지난 2008년 8월경 '영화관 매점에서 팝콘과 나초, 커피 등을 팔면서 그와 비슷한 종류의 외부 음식을 가지고 들어가지 못하게 하는 것은 소비자에게 불이익을 제공하는 불공정거래행위'라고 지적하며, 국내 주요 멀티플렉스 영화관을 상대로 외부 음식물의 허용 범위를 넓히라고 권고하였다.

이러한 공정위의 권고를 받아들여 영화관들은 영화관에 반입 가능한 음식물의 종류를 늘리고, 관객이 이를 알 수 있도록 각 회사의 인터넷 홈페이지에 변경 사항을 공지했다. 물론 유리병 등 고객의 안전을 실제로 위협하거나 피자, 순대처럼 다른 고객의 관람에 지장을 주는 음식물은 계속 반입이 제한된다.

영화관은 친구와 연인 또는 가족과 즐겁게 영화를 관람하기 위해 자주 가는 공간이지만 매년 논란이 되는 자사 영화 스크린 몰아주기, 각종 불공정거래행위 등이 영화관을 갈 때마다 서로 복잡하게 얽혀 있어 불편한 진실을 느끼게 한다. 이러한 진실에 대해 관객들이 적극적으로 나서서 시정을 요구하는 것은 분명 필요해 보인다. 하지만 이러한 시정요구에 앞서 영화 상영시장에서 97%대의 점유율을 차지하고 있는 멀티플렉스 3사가 소비자들의 요구에 귀 기울이며 자정작용을 할 때, 진정으로 영화관은 더욱 편하게 지인들과 만남을 즐길 수 있는 최고의 공간으로 바뀌지 않을까 하는 생각을 해 본다.

02

영화관에 가면 느끼는
몇 가지 불편한 진실들

몇 해 전 CGV가 계열회사인 CJ E&M이 배급하는 〈군함도〉에 대해 상영관을 과하게 늘렸다는 지적을 받으며, 스크린 몰아주기에 대한 논란이 제기된 적이 있었다. 영화상영 시장에서 꾸준히 지적된 계열 배급사와 자사 영화 우대 행위에 대한 논란은 영화업계 대목인 여름이면 매년 되풀이 되고 있는 실정이다.

CGV는 지난 2014년에도 CJ E&M이 배급하는 〈광해〉, 〈R2B리턴투베이스〉 등에 대해 스크린 수, 상영기간 등을 유리하게 차별적으로 취급했다며 공정위로부터 시정명령과 함께 과징금 약 32억 원을 부과받았다. 하지만 CGV는 서울고법에 공정위의 처분을 취소해 달라는 소송을 제기했고, 서울고법은 공정위의 처분을 취소하는 판결을 내렸다. CGV의 손을 들어준 것이다.

한편, 참여연대 등은 멀티플렉스 3사(CGV, 롯데시네마, 메가박스)에 대한 '관람객 10개 불만사항'을 발표한 적이 있다. 이 중에는 팝콘가격이나 좌석 크기 등 전통적인 불만과 함께 최근 상영이 늘고 있는 3D 영화 관련 불만사항이 있었다. '영화관 확 바꾸자' 캠페인을 벌이고 있는 참여연대 등은 공정거래법상 가격담합과 폭리 등 각종 불공정거래행위에 대한 개선이 필요하다고 주장하며, 공정위에 멀티플렉스 3사를 신고했다. 그러나 공정위는 참여연대 등의 신고내용에 대해 '무혐의' 결정을 내렸다.

CGV·롯데시네마의 '스크린 몰아주기' … 공정위는 위법 vs 서울고법은 적법

CGV·롯데시네마는 계열사·자사가 배급하는 영화에 흥행 예상순위와 관객 점유율 등의 기준에 비추어 스크린 수, 상영기간, 상영관 크기 등을 유리하게 차별적으로 취급했다. 계열사·자사 영화 중 일부 대작은 적정한 기준보다 많은 수의 스크린을 편성했다.

예를 들어, CGV는 〈R2B리턴투베이스〉(CJ E&M 배급)를 기존에 개봉한 유사작품의 흥행실적과 시사회평 등에 비추어 적정하다고 판단한 스크린 수보다 많은 수를 편성했다. 롯데시네마는 흥행률이 떨어지는 롯데엔터 배급영화 〈돈의 맛〉에, 흥행률이 높은 NEW 배급영화 〈내 아내의 모든 것〉보다 3배 많은 스크린을 배정했다. 또한 이들은 계열사와 자사 영화 중 일부 대작은 전주 관객순위가 저조함에도 상영기간을 연장했다. 예를 들어, CGV는 〈광해〉(CJ E&M 배급)를 좌석점유율 등이 경쟁영화보다 떨어질 경우, 종영하거나 스크린 수를 감소시켜야 함에도 불구하고 이와 달리 계속 연장하여 총 4달 동안 상영했다.

공정위는 CGV와 롯데시네마가 흥행순위나 관객점유율 등을 고려하지 않고 자신의 계열사가 배급하는 영화에 스크린 수, 상영기간, 상영관 크기 등을 유리하게 배정했다고 보고 과징금 31억 7,700만 원과 23억 6,700만 원을 각각 부과하고 시정명령을 내렸다.

그러나 법원의 판단은 달랐다. 법원은 CGV와 롯데시네마가 공정위를 상대로 낸 시정명령 및 과징금 부과취소소송에서 CGV와 롯데시네마의 손을 들어주었다. 재판부는 "상영업자는 해당 영화의 작품성, 경쟁 영화들의 흥행도, 기존 유사작품의 실적, 시사회 평가, 예매실적, 개봉시기, 상영될 극장의 입지, 해당 영화와 관련된 사회적 이슈 등 다양한 요소를 고려해 상영회차 등을 편성한다."며 "상영업자마다 중시하는 고려요소나 흥행요소에 대한 평가가 다를 수 있으므로, 모든 영화에 있어 상영업자들의 흥행성 예측과 그에 따른 영화편성이 일치할 수 없다는 것은 당연하다."고 밝혔다. 이어 "CGV가 2010년 9월부터 2014년 4월까지 상영한 영화는 총 1,343편이고, 그 가운데 CJ E&M이 배급한 영화는 145편인데 공정위는 이 중 25편의 영화만을 추출해 차별행위가 존재한다."고 주장했다. 그러나 "위반기간 동안 상영한 영화를 전체적으로 분석해 차별대우 여부를 판단하지 않고 특정 영화만을 선별해 차별행위를 판단하는 것은 오류를 수반할 가능성이 적지 않다."며 "설령 CGV에 영화에 대한 차별행위가 일부 존재한다 하더라도 그 차별의 정도가 현저했다고 단정하기 어렵다."고 판시하였다.

영화관 좌석별·시간대별 가격차등 ⋯ 가격담합 입증 부족하고 통상적인 수준에 어긋나지 않아

CGV, 롯데시네마, 메가박스 등 멀티플렉스 3사는 좌석별 가격차등제라는 명분으로 영화관 좌석별·시간대별 가격차등화 정책을 도입해 관객들이 선호하는 좌석을 프리미엄으로 지정하고, 관객이 많은 요일과 시간대의 티켓 가격을 1,000원 인상했다.

하지만, 공정위는 멀티플렉스 3사가 영화관람료를 공동으로 인상할 것으로 합의하였다는 것을 입증할 수 있는 직·간접적인 증거자료를 확인하지 못했다는 이유로 '무혐의' 결정했다. 공정위는 "멀티플렉스 3사가 상영관 시설 개선, 신규 기재 도입, 유지보수, 내부 관리 인력 투입 등에 상당한 비용을 지출하고 있다."며 "공급에 필요한 비용 변동이 없었거나 비용대비 현저한 관람료 상승이 있었다고 인정하기 곤란하다."고 밝혔다. 또 "단순히 2016년 상반기 소비자물가상승과 비교해 가격 인상 비율이 높다는 이유만으로 가격남용의 현저성이 입증된다고 볼 수 없다."며 "고객 선호도가 높은 좌석에 추가 요금을 받는 대신 선호도가 낮은 좌석에 할인을 실시하는 정책이 시장의 관행이나 통상적 수준에 어긋난다고 보기 어렵다."고 판단했다. 다만, 향후 법 위반 예방을 위해 주의 촉구할 계획이라고 밝혔다.

영화 시작 전 장시간 무단 광고 상영 … 기만적인 표시광고에 해당하지 않아

참여연대 등은 멀티플렉스 3사(CGV, 롯데시네마, 메가박스)가 티켓에 표시된 영화 시작 시간을 10여분 광고 상영으로 지연시키며 관객을 기만하는 불공정행위를 바로잡기 위해 영화관 3사를 표시광고법 위반 혐의로 공정위에 신고했다.

그러나 공정위는 광고 상영 사실이 영화 티켓, 홈페이지 등을 통하여 사전 고지되고 있으므로 거래상대방의 예측가능성이 높은 점, 경쟁 사업자나 다른 시장 사업자의 통상적 거래관행에 어긋나지 않는 점, 해외의 경우에도 영화 시작 전 상업 광고를 상영하는 경우가 존재하는 점, 영화 시작 후의 입장 지연으로 인한 고객불편을 예방하는 효과도 있는 점을 이유로, 멀티플렉스 3사가 관객에게 영화 상영시간을 거짓으로 표시하고 광고를 상영해 부당하게 광고수입을 취득한 행위가 표시광고법에 해당하지 않는다고 판단하였다.

3D 안경 끼워팔기 … 정상적인 거래관행에 부합해

CGV, 롯데시네마, 메가박스가 3D 안경을 끼워 팔고 있으며, 3D 안경을

소지한 관객을 위한 별도 요금제를 마련하지 않아 부당하다는 신고 내용에 대해서 공정위는 다음과 같은 이유로 무혐의 처리했다.

즉, 공정위는 3D 안경 없이 3D 영상 감상이 불가능한 경우, 주된 상품의 기능에 반드시 필요한 상품을 끼워 파는 행위는 정상적인 거래관행에 부합하는 점, 종된 상품 시장의 경쟁 사업자가 배제된다는 점에 대한 증거가 없는 점, 3D 영화용 안경과 가정용 3D TV 안경이 호환되지 않는 경우가 있는 등 영화 상영 품질 관리상 적합한 안경을 배부할 필요가 있는 점, 별도 요금제 도입 시 소지한 안경으로 영화 관람이 불가능한지 확인하는데 추가 비용과 시간이 투입되는 반면 3D 영화와 2D 영화의 가격 차이는 3D 안경에서만 발생하는 것이 아니며, 안경 비용이 차지하는 비용이 낮아 할인이 실시되더라도 소비자 후생증대효과가 현저하다고 보기 어려운 점을 무혐의 근거로 들었다.

관람포인트 주말 사용 불가 ⋯ 멤버십 포인트 제도운영은 사업자의 자유

공정위는 회원이 적립한 멤버십 포인트를 주중에만 사용하도록 하여 부당하다는 신고에 대해서도 "사업자는 멤버십 포인트 제도의 운영방법을 자유로이 설정할 수 있는 점, 고객의 사용 실적에 따라 부여하는 포인트는 고객유치, 판촉 등을 위해 무상으로 제공되는 혜택으로서의 성격도 있어 화폐처럼 원하는 대로 사용하기 어려운 점, 주말 이용이 금지되더라도 별도 비용 없이 주중 영화 관람을 가능하게 하는 포인트 제도가 소비자에게 불이익하다고 볼 수 없는 점"을 이유로 무혐의 처리했다.

영화 티켓 순차적 인상 … 담합이나 가격남용이라 보기 어려워

영화 〈어벤져스: 인피니티 워〉가 〈아바타〉의 뒤를 이어 역대 두 번째로 많은 관객을 모은 외화가 되었다고 한다. 흔한 말로 대박 영화이다. 이런 영화는 꼭 봐야 한다는 설레는 마음으로 찾아간 영화관, 하지만 이런 대박 영화인 어벤져스 개봉을 앞두고 멀티플렉스 3사(CGV, 롯데시네마, 메가박스)가 영화관람료 가격을 똑같이 1,000원씩 인상했다는 소식은 많은 논란을 불러일으켰다. 급기야 참여연대는 이들 멀티플렉스 3사가 공정거래법에서 금지하는 시장지배적지위 남용행위와 담합을 했다는 이유로 공정위에 신고했다.

이러한 논란이 일어난 이유는 아마 멀티플렉스 3사가 8일의 시간적 간격을 두고 약속이나 한 듯이 동일하게 1,000원씩 가격을 인상하는 행위, 이른바 외관상 일치가 있었기 때문이다. 흔히 과점시장에서는 가격인상의 동일한 인상 등 사업자들의 행동 일치가 일어나는 경우가 많다. 다시 말해 과점시장에서 가격선도기업은 다른 사업자들이 자기를 따라 가격을 인상할 것이라는 인식을 가지고 있으며, 추종기업은 자신에게 유리하다는 판단 하에 보통의 경우 그 선도기업의 가격인상을 추종하게 된다. 이 과정에서 어떠한 형태로든 의사연락이 있을 수도 있고, 각자 상대방의 반응을 의식하면서 독자적으로 자기행동을 결정할 수도 있다.

이를 '의식적 병행행위'라고 하는데, 엄격한 의미에서 의식적 병행행위는 다른 사업자의 행동을 일방적으로 예측하고 행위를 하는 경우로서 공정거래법에서 금지하는 담합의 본질적 요소인 합의의 의사연결 상호성이 없기 때문에 담합으로 보기 어려운 측면이 있다. 결국, 사업자들 간 행위의 외관상 일치가 존재하는 경우, 그 원인은 크게 두 가지가 있을 수 있다. 하나는 사업자들 간 합의의 결과로 일치가 나타나는 경우, 다른 하나는 의식적 병행행위의 결과로 일치가 나타나는 경우이다. 따라서 멀티플렉스 3사가 똑같이 1,000원씩 올린 행위의 일치가 나타난 원인이 합의에 의한 것이면 공정위가 담합이라고 보고 제재할 수도 있지만, 단순히 의식적 병행행위의 결과에 의한 것이면 담합으로 보지 않을 수도 있다.

결국 멀티플렉스 3사의 행위를 담합으로 판단하기 위해서는 합의가 있었는지를 밝히는 것이 관건이 된다. 합의를 입증하는 방법으로는 합의서, 의사록, 증인과 같은 직접증거와 정황증거를 이용한 추정에 의한 입증이 있다. 요즘은 담합을 하더라도 직접증거를 남기는 경우는 거의 없기 때문에 합의를 입증하기가 쉽지 않다. 이처럼 은밀하게 이루어지는 담합을 적발하기 위해서 공정위는 리니언시 제도(Leniency Program)를 적극 활용하고 있다. 리니언시 제도란, 자진신고자 감면제도로 담합사실을 공정위에 자백한 기업에게 과징금 전액 또는 50%를 감면해 주고 검찰고발까지 면제해 주는 인센티브를 줌으로써 은밀하게 이루어져 증거를 확보하기 어려운 담합사건을 용이하게 적발하기 위한 것이다. 실제로 공정위의 담합 적발 중 상당수가 리니언시 제도를 통해 이루어지고 있다.

이처럼 합의의 증거도 찾기 어렵고 멀티플렉스 3사가 리니언시도 하지 않는다면, 결국 영화관람료 인상이 계속될 수밖에 없는 것 아닐까. 담합은 멀티플렉스 3사 간 합의에 대한 입증이 필요하지만, 비록 이들이 합의를 하지 않았다 하더라도 자신들이 영화관 업계에서 차지하는 절대적인 시장점유율을 차지하는 시장지배적지위를 이용하여 아무런 가격상승 요인이 없음에도 불구하고 부당하게 가격을 인상한 경우에는 공정거래법에서 금지하는 시장지배적지위 남용행위가 될 수 있다.

사실 멀티플렉스 3사는 지난 2016년에도 좌석별 가격차등제라는 명분으로 영화관 좌석별·시간대별 가격차등화 정책을 도입해 관객들이 선호하는 좌석을 프리미엄으로 지정하고, 관객이 많은 요일과 시간대의 티켓 가격을 1,000원씩 인상했다. 이에 참여연대는 멀티플렉스 3사가 부당한 공동행위 및 시장지배적지위 남용행위를 했다고 보고 공정위에 신고했다.

　하지만, 공정위는 멀티플렉스 3사가 영화관람료를 공동으로 인상할 것으로 합의하였다는 것을 입증할 수 있는 직·간접적인 증거자료를 확인하지 못했다는 이유로 무혐의 결정했다. 또한 공정위는 "멀티플렉스 3사가 상영관 시설 개선, 신규 기재 도입, 유지보수, 내부 관리 인력 투입 등에 상당한 비용을 지출하고 있다."며 "공급에 필요한 비용 변동이 없었거나 비용대비 현저한 관람료 상승이 있었다고 인정하기 곤란하다."고 하면서, 다만 향후 법 위반 예방을 위해 주의 촉구를 하는 것으로 사건을 종결했다.

03

영화관은 되고
워터파크는 안 된다고?

● 직장인 A씨는 퇴근 후 오랜만에 영화관에 가기로 마음먹고, 저녁식사 대용으로 회사 근처에서 햄버거와 커피를 사서 영화관 입구에 도착했다. 그런데 영화관 입구에서 직원이 A씨에게 외부 음식 반입은 안된다고 막았다.

● 대학생 B씨는 더위를 피하기 위해 워터파크에 가기로 하고, 물놀이 후 먹기 위해 집 근처에서 햄버거와 피자를 사서 워터파크 입구에 도착했다. 하지만 워터파크 입구에서 직원이 B씨에게 외부 음식 반입은 안된다고 막았다.

A씨와 B씨는 각각 영화관과 워터파크에서 자신이 가져온 음식을 먹을 수 있을까. 결론부터 말하면, A씨는 영화를 보면서 가져온 음식을 먹을 수 있지만, B씨는 워터파크에서 가져온 음식을 먹을 수 없다.

우선 영화관부터 살펴보면, 공정위는 2008년에 영화관 매점에서 팝콘, 나초, 커피 등을 팔면서 그와 비슷한 종류의 외부 음식을 가지고 들어가지 못하게 하는 건 소비자에게 불이익을 제공하는 불공정거래행위라고 지적하면서 영화관을 상대로 외부 음식의 허용범위를 넓히라고 권고했다. 이에 영화관은 공정위의 권고를 받아들여 영화관에 반입 가능한 음식의 종류를 늘리고, 관객이 이를 쉽게 알 수 있도록 인터넷 홈페이지에 변경사항을 공지했다.

그렇다면, 모든 음식의 반입이 가능할까. 영화관마다 기준은 다르지만 영화관이 반입을 금지시켰던 음식은 크게 고객 안전과 관련되는 덮개가 없는 뜨거운 커피나 깨질 위험이 있는 유리병, 강한 냄새로 다른 관객에게 불쾌감을 유발할 수 있는 족발, 순대 등 음식, 소음을 유발할 수 있는 봉지류의 과자와 캔 음료 등 3가지로, 이러한 음식은 여전히 반입이 제한될 수 있다. 물론 불쾌감을 유발할 수 있는 음식의 기준이 모호하여 논란이 있을 수는 있지만 반입 허용 여부를 떠나 자신에게는 영화를 보면서 느끼는 또 하나의 즐거움일지 몰라도 다른 사람에게 민폐가 되지 않는지를 우선 생각해 보는 태도가 필요해 보인다.

다음으로 워터파크를 살펴보면, 공정위는 2014년에 워터파크가 외부 음식 반입을 금지해도 취식 장소 등에서 가지고 온 음식을 먹을 수 있다면 워터파크 내 음식 반입금지(식수, 이유식 등은 허용)는 위법소지가 없다고 보았다. 즉 당시 공정위가 조사할 때 워터파크가 외부 음식 취식 공간이 워터파크 내부 또는 가까운 곳에 있었고, 워터파크 내부 음식도 비싸지 않아 공정거래법상 거래강제행위라고 보기 어렵다고 판단하면서 문제될 수 있다는 점에서 워터파크를 상대로 주의, 촉구만 내렸다.

하지만, 만약 워터파크 내 외부 음식을 먹기 위한 취식공간이 없고 워터파크 내 음식가격이 비싸다면 공정거래법 위반 소지가 있을 수 있다. 즉 거래강제행위가 바람직한 경쟁질서를 저해하는 불공정한 경쟁수단에 해당하는지 여부에 대해서는 별도의 검토가 필요해 보이지만, 취식공간이 너무 멀리 있다든지 음식 맛이 떨어지고 비싼데도 불구하고 워터파크 내부 음식을 먹을 수밖에 없는 상황이라면 기존 공정위 판단과 달리 판단될 여지도 있다.

결국 영화관이든 워터파크든 간에 관객이나 이용객을 단지 수익을 얻기 위한 수단으로만 생각하기보다는, 반입금지가 필요하다면 반입금지에 대한 합리적인 제한사유를 제시하고 이를 적극적으로 관객이나 이용객에게 알려 공감대를 구한다면, 조금 더 관객이나 이용객이 가족이나 연인, 친구와 함께 믿고 즐겨 찾을 수 있는 공간이 되지 않을까 생각해 본다.

04

영화 속 내부자들,
담합적발에 있어서도
필요한 이유

교실에서 지갑이 없어졌다. 교실 안 누군가가 지갑을 가져갔는데도 아무도 자수를 하지 않자, 화가 난 선생님은 학생들 모두 눈을 감으라고 한다. 그리고 지갑을 가지고 간 사람은 조용히 지금 손을 들라고 한다. 그러면 아무것도 묻지 않은 채 용서해 줄 것이라고 한다. 하지만, 만약 끝까지 손을 들지 않고 버티다가 나중에 드러나면 가장 무거운 벌을 내릴 것이라고 한다.

이처럼 문제가 발생했을 때 범인이 스스로 자수를 하지 않는 경우, 차라리 용서라는 당근을 주면서 자수를 유도하여 피해를 신속하게 회복하고, 앞으로의 질서를 바로 잡는 것이 간혹 좋은 방법일 수 있듯이, 우리 시장경제에도 이러한 방법이 필요할 때가 있다.

예를 들어, 부당한 공동행위(담합, 카르텔)는 업체들 사이에 비밀스럽게 이루어지는 경우가 많기 때문에 적발이 어렵다. 더욱이 담합에는 매우 지능적인 수법들이 동원되기 때문에 업계 내부의 누군가가 자진신고나 조사협조를 해 주지 않으면 혐의 입증이 매우 어렵다. 이러한 담합 적발을 더욱 용이하게 하고 앞으로 담합 방지 효과도 줄어들 수 있게 하기 위해 등장한 제도가 바로 자진신고 감면제도, 즉 리니언시(leniency) 제도이다. 담합을 한 사업자 입장에서는 일종의 배신을 유도하는 제도라고 할 수 있다.

용의자 A와 B가 있다. 이들은 함께 범

죄를 저지르고 체포되기 전 절대로 자백하지 말자는 약속을 한다. 검사는 이들이 범죄를 저질렀다는 심증은 있지만 증거가 부족하기 때문에, 이들의 진술이 매우 중요한 상황이다.

이때 검사는 용의자들에게 다음과 같은 제안을 한다. "지금부터 당신들을 떼어놓고 심문을 할 것입니다. 만약 둘 다 범행을 자백하면 징역 3년을 구형하겠습니다. 하지만 만약 한 사람은 자백을 했는데 다른 한 사람은 부인한다면, 자백한 사람은 석방하겠지만 부인한 사람은 징역 5년을 구형하겠습니다. 그리고 둘 다 부인한다면 징역 1년을 구형하겠습니다."

언뜻 보기에는 두 용의자 모두가 부인하는 것이 용의자들에게 있어서는 가장 좋은 선택이라 생각되지만, 각각의 용의자는 다른 용의자가 부인을 하든 자백을 하든 모든 경우에 자신이 자백을 선택하는 것이 더 나은 결과를 가져오게 되기 때문에, 결국 두 용의자는 모두 자백을 하게 되는 것이다.

이렇게 두 용의자가 처해 있는 상황을 '죄수의 딜레마'라고 하며, 이것을 이용한 제도가 바로 공정거래법상 리니언시이다. 리니언시는 담합을 1순위로 자백한 기업과 2순위로 자백한 기업에게 과징금의 전액과 50%를 각각 감면해 주고, 검찰고발까지 모두 면제해 주는 파격적인 인센티브를 줌으로써 은밀하게 이루어져 증거를 확보하기 어려운 담합사건을 용이하게 적발하기 위한 것이다.

실제로 공정위의 담합 적발 중 상당수가 리니언시를 통해 이루어지고 있다. 이처럼 리니언시 제도의 처벌 면제 또는 감경 효과를 의식하여 담합한 기업이 담합을 자진신고하는 긍정적인 효과가 있다.

반면, 기업 중에는 리니언시 제도를 악용하여 처벌을 면하고자 자진신고가 무분별하게 남발하거나 자진신고 자체를 기업끼리 담합하는 등 부정적인 측면도 제기되고 있다. 이러한 부작용을 억제하고자 공정위는 자진신고한 기업의 임직원은 직접 심판정에 출석하도록 하고, 자진신고한 기업이 리니언시 혜택을 받은 사실을 누설할 경우 이를 성실 협조의무 위반으로 간주하여 감면혜택을 박탈하도록 했다. 또한, 공정위가 충분한 증거를 확보한 때, 상습적으로 담합하거나 다른 기업에게 담합을 강요한 때, 1순위 신고일로부터 2년을 초과해 늑장 신고를 했을 때에는 감면 혜택을 배제하고 있다.

공정한 경쟁이 이루어져야 할 시장에서 기업들이 가격을 합의하거나 입찰에서 낙찰자를 사전에 결정함으로써 부당한 이익을 확보하는 담합행위는 분명 근절되어야 할 것이다. 그러나 어떠한 이유로든 만약 담합을 하게 되었다면, 기업으로서는 결단이 필요하다. 침묵할 것인가 아니면 배신할 것인가. 그리고 그 결단이 배신이라면 "승자 한 사람이 모든 것을 가진다(winner-take-all)."는 리니언시 제도의 특성상 빠른 자진신고가 필요하다.

05

공정위 조사 '끝'내는 방법이 있다?

학생 A가 친구인 학생 B의 지갑을 훔쳤다. 학생 B는 선생님께 이 사실을 알렸고, 선생님은 학생 A를 교무실로 불렀다. 그러자 학생 A는 자신의 잘못을 인정하면서 학생 B의 지갑을 돌려주는 등 피해를 보상하고, 앞으로 다시는 남의 물건에 손을 대지 않겠다고 하는 등 스스로 먼저 약속을 하며 문제를 해결하려는 자세를 보였다. 이 모습을 본 선생님은 더 이상 학생 A를 나무라지 않고 징계도 내리지 않았다.

이와 같이 위반사업자(학생 A)가 스스로 재발방지 대책과 피해자(학생 B)에 대한 피해보상 대책 등의 시정 방안을 제안하고, 이 시정 방안이 공정하고 자유로운 경쟁거래질서를 회복하기에 적절하다고 인정될 경우 공정위(선생님)가 법적인 제재 없이 심의를 종결하는 것을 동의의결제도(공정거래법 제52조의2 내지 4)라고 한다.

이러한 동의의결제도를 잘 활용하면 피해자 입장에서는 신속하고 실질적인 보상을 받을 수 있고, 기업 입장에서는 이미지 타격을 최소화할 수 있으며, 법적 분쟁에 따른 시간과 각종 비용도 절약할 수 있다. 공정위 역시 법 집행 효과를 통상적인 절차와 거의 동일하게 구현하면서도 기업의 동의를 얻어냄으로써 법 집행을 원활히 하면서 위법성 판단과 관련된 쟁송 등에 소요되는 행정비용을 상당부분 절감할 수 있다.

그러나 만약 위반사업자가 부당한 공동행위를 하거나 고발요건에 해당 또는 동의의결이 있기 전 동의의결 신청을 취하한 경우에는 동의의결을 하지 아니하고 심의절차를 진행한다. 다시 말해 담합행위나 고발 대상이 되는 행위와 같이 중대한 위법행위를 한 경우에는 뒤늦게 반성하며 시정 방안을 제시해도 용서를 해 주지 않는다. 결국 동의의결은 중대하지 않은 불공정거래 행위에 대하여 적용되며, 위반사업자가 제시한 시정 방안을 공정위가 수용할 경우 공정위는 더 이상 위반사업자에 대한 제재를 하지 않는다.

동의의결제도를 적용한 첫 사례는 시장지배적지위 남용행위에 대해 공정위 조사를 받고 있던 '네이버'와 '다음'이 동의의결을 신청하고 공정위가 적용 개시를 적용하여 네이버와 다음이 제시한 시정 방안을 받아들이기로 최종 확정한 것이다. 어떠한 단어를 검색창에 치면 국내검색포털 이용자는 통합검색 시스템에 따라 다양한 카테고리의 결과를 한 눈에 볼 수 있는데, 문제가 된 것은 바로 네이버와 다음이 자사 혹은 계열사가 운영하는 쇼핑, 부동산, 영화, 책 등의 전문서비스와 키워드 광고까지 그렇지 않은 정보 검색결과와 구분 없이 제공해왔다는 점이다.

전문서비스를 통한 영화예매, 음악감상, 도서구매가 이루어지면 네이버와 다음은 일정 정도의 수수료를 받게 되는데, 키워드 광고의 경우에는 검색결과창에 뜨는 판매업자들의 목록, 심지어는 노출되는 순서까지 광고료에 의해 정해지고 있다. 그러나 소비선택에 미치는 두 포털 사이트의 영향력이 매우 큼에도 불구하고, 이용자들은 이러한 사실을 제대로 알 수가 없었다. 그러다 보니 판매업자의 입장에서는 울며 겨자먹기로 비싼 돈을 주고 이들 포털 사이트와 계약을 체결할 수밖에 없었고, 시간이 갈수록 점점 더 많은 광고가 다른 곳이 아닌 네이버와 다음에만 들어오는 결과가 되었다.

이에 네이버와 다음은 키워드 광고와 전문서비스를 검색결과와 명확히 구분하지 않은 행위 등에 대해 시정하였고, 이용자 후생제고와 관련사업자 상생지원을 위한 금액도 구제방안으로 이행하기로 하였다. 그 결과 공정위는 네이버와 다음에 대한 조사를 더 이상 진행하지 않고 종결했다.

이처럼 동의의결제도는 불공정거래행위의 시정과 피해보상 절차가 공정위의 통상적 의결에 비해 빠르기 때문에 문제를 신속하게 해결할 수 있는 장점이 있다. 따라서 동의의결제도의 요건과 절차를 잘 구비한다면, 동의의결제도는 공정위 조사를 받는 경우 빠른 문제해결이 필요한 사안에서 해당 기업에게 최선의 선택이 될 수도 있다.

06

처음부터 지킬 생각 없이 한 합의, 그래도 담합일까

건설회사 A와 B는 사전에 모여 공공건물 신축공사입찰에서 B가 낙찰되도록 하기 위해 B는 100억 원으로 입찰하고, A는 그보다 10억 원 높은 110억 원으로 입찰하기로 서로 약속했다. 하지만 사실 A회사는 속으로는 100억 원보다 낮은 80억 원으로 입찰하여 자신이 낙찰을 받을 생각이었으나, 겉으로는 위와 같이 B회사와 약속했다. 그 후 A회사는 B회사와 한 약속과 달리 속으로 마음 먹었던 80억 원으로 입찰하여 자신이 낙찰을 받았다.

이와 같이 A회사가 내심으로는 B회사와의 약속을 지킬 생각이 없었음에도 B회사와 약속한 후 실제 입찰에서 약속을 지키지 않은 경우, 공정거래법에서 금지하는 부당한 공동행위, 즉 담합에 해당할까.

우선 공정거래법에서 금지하는 담합에 해당하려면 계약, 협정, 결의 기타 어떠한 방법으로든지 사업자 간에 공동행위를 하기로 하는 합의가 있어야 하며, 담합이 성립하기 위한 합의는 계약, 협정, 협약, 결의, 양해각서, 동의서 등과 같은 명시적 합의뿐만 아니라 사업자 간의 암묵적 합의까지 포함한다.

예를 들어, 이해한다는 눈짓(윙크)만으로도 담합이 성립하기 위한 합의가 될 수 있다(Knowing wink can mean more than words).

이처럼 공정거래법에서 금지하는 부당한 공동행위, 즉 담합은 사업자가 다른 사업자와 공동으로 일정한 거래분야에서 경쟁을 실질적으로 제한하는 같은 각호의 1에 해당하는 행위를 할 것을 합의함으로써 성립되는 것으로, 합의에 따른 행위를 현실적으로 하였을 것을 필요로 하지 않는다. 또한 어느 한쪽의 사업자가 당초부터 합의에 따를 의사도 없이 진의 아닌 의사표시에 의하여 합의한 경우라 하더라도 다른 쪽 사업자는 당해 사업자가 합의에 따를 것으로 신뢰하고 당해 사업자는 다른 사업자가 합의를 위와 같이 신뢰하고 행동할 것이라는 점을 이용함으로써 경쟁을 제한하는 행위가 되는 것은 마찬가지이므로, 담합에 해당한다.

결국, A회사와 B회사가 서로 A회사는 110억 원으로, B회사는 100억 원으로 입찰하기로 약속함으로써 A회사는 B회사와 사이에 경쟁을 실질적으로 제한하는 가격결정의 합의를 하였다고 볼 수 있고, 이로써 공정거래법에서 금지하는 담합에 해당한다고 할 수 있다. 다시 말해, A회사가 처음부터 B회사와의 약속을 이행할 생각으로 약속을 하였는지, 또 B회사와의 약속을 지켰는지 여부는 담합의 성립과는 무관하고, 비록 A회사가 속으로는 80억 원에 입찰하여 자신이 낙찰을 받을 의사를 가졌었고 그 후 B회사와의 약속과 달리 입찰하였다 하더라도 이러한 사정은

담합의 성립에 영향을 미치지 못한다는 것이다.

참고로, 이처럼 진의 아닌 의사표시에 의하여 합의가 이루어진 경우에는 합의에 따른 구속력을 자율적으로 수용하는 의지가 결여된 것이라고 할 수 있고, 그로부터 유래하는 경쟁제한적 성격 또한 가질 수 없기 때문에 그와 같은 경우에는 담합이 성립되지 않는다는 의견도 있다. 하지만 당사자 간의 의사의 일치가 상호 구속의 근거를 부여하는 민법상 합의의 개념과 형사벌 또는 행정상 제재의 근거가 되는 담합에 있어서 합의의 개념은 약간의 차이가 있을 수 있는데, 담합의 당사자들 중 일방이 진의 아닌 의사표시를 하였다 하더라도 특정한 방법으로 행동하겠다는 의사를 상호 표현한 것인 이상, 진의 아닌 의사표시를 한 당사자 이외의 나머지 당사자들의 행위만으로도 경쟁을 제한할 위험성은 있다고 볼 수 있다.

그리고 이처럼 진의 아닌 의사표시에 의한 합의의 경우, 다른 쪽 사업자는 당해 사업자가 합의에 따를 것으로 '신뢰'하고, 당해 사업자는 다른 사업자가 이와 같이 '신뢰'하고 행동할 것이라는 점을 이용한 경우에 경쟁제한성이 있는 담합에 해당한다고 볼 수 있다. 반면 비록 진의 아닌 의사표시에 의한 합의라 하더라도 만약 다른 사업자의 '신뢰'를 이용하지 않은 경우라면 담합에 해당한다고 보지 않는 것이 타당해 보인다.

07

만약 배달 앱 사업자가
하나뿐이라면?

배달 앱 사업자인 A가 배달음식 소비자에게 지급하던 할인쿠폰을 하루아침에 없애고, 배달음식 점주의 수수료와 광고비를 갑자기 올리면 어떻게 될까. 소비자는 할인쿠폰을 받고, 점주는 수수료와 광고비를 올리지 않는 다른 배달 앱 사업자인 B를 이용할 가능성이 높다. 하지만 만약 배달 앱 사업자가 A 하나뿐이라면 어떨까.

선택의 여지없이 소비자는 할인쿠폰을 못 받고, 점주는 수수료와 광고비를 더 내더라도 배달 앱 사업자 A를 이용할 수밖에 없다. 더욱이 '잡은 물고기에는 먹이를 주지 않는다.'는 말처럼 배달 앱 사업자 A는 소비자의 혜택을 점점 줄이고, 점주의 부담도 더욱 증가시킬 것이다.

시장을 한 기업이 독점하고 있을 때 일어날 수 있는 상황을 가정해 본 것이지만, 우리 시장 곳곳에는 독점으로 인한 소비자의 피해가 알게 모르게 발생하고 있다. 이처럼 공정위가 기업의 인수·합병을 심사하는 이유는 바로 독과점으로 인한 시장의 왜곡과 소비자의 피해를 방지하기 위한 것으로, 기업들이 서로 인수·합병하는 것은 기업의 자유이지만 앞서 살펴본 상황이 발생하지 않도록 공정위가 심사하여 최종 승인을 해야 인수·합병이 마무리될 수 있다.

예를 들어, 공정위는 삼익악기와 삼송공업이 영창악기제조의 주식 48.58%를 취득하고 이러한 사실을 공정위에 신고한 후 영창악기제조로부터 핵심 기계설비를 일부 매입한 사례에서, 삼익악기와 삼송공업이 취득한 영창악기제조의 주식전량(48.58%)을 1년 내에 제3자에게 매각하고, 삼익악기 및 그 계열사가 기업결합 신고 이후 영창악기제조로부터 매입한 핵심 기계설비를 3개월 내에 영창악기제조에 매각하도록 했다.

삼익악기가 영창악기제조를 인수할 경우, 시장점유율이 92%(업라이트 피아노 기준)에 달해 사실상 독점이 형성됨에 따라 가격인상 등 시장지배력이 남용될 가능성과 소비자 이익이 침해될 우려가 높아 실질적으로 경쟁을 제한한다고 공정위는 판단한 것이다. 당시 부도난 영창악기제조의 기업결합을 허용해야 한다는 일부의 의견이 있었으나, 법원 역시 공정위의 삼익악기·영창악기 합병불허 결정이 타당하다고 보았다.

반면, 공정위는 하이트맥주가 진로를 인수하는 것을 조건부로 승인했다. 쉽게 말해 맥주회사가 소주회사를 인수하는 것을 승인한 것이다. 당시 하이트맥주가 진로를 인수하면 하이트맥주가 맥주를 유통하는 과정에서 소주를 끼워 팔 수도 있다는 우려가 제기되었고, 주류시장의 강자가 된 하이트맥주가 다른 경쟁사업자의 시장 진입을 막을 수도 있다는 우려도 제기되었다.

이런 우려에도 불구하고 공정위는 맥주와 소주는 서로 보완하는 상품이 아니라 대체하는 상품으로, 하이트맥주가 진로를 인수해도 경쟁을 실질적으로 제한하지 않는다고 보았다. 다만, 승인은 하되 소주와 맥주의 출고원가를 향후 5년간 소비자물가상승률 이상으로 인상하는 행위를 금지하고, 가격을 인상하기 전에 공정위와 사전에 협의하는 등 시장의 우려를 최대한 불식시키고 경쟁이 제한되지 않도록 하는 안전장치를 마련했다.

이처럼 공정위가 기업의 인수·합병을 심사하는 것은 기업결합으로 인해 장래에 발생할 수 있는 독과점의 폐해를 막고 자유롭고 공정한 경쟁질서를 확립하기 위한 것으로, 앞서 살펴본 상황을 막을 수 있고 경쟁을 통해 소비자의 이익이 최대한 보장될 수 있다.

최근 국내 배달 앱 2위 운영사인 독일 딜리버리히어로(DH)가 1위 운영사인 우아한형제들을 인수·합병(M&A)하기로 하고 공정위에 기업결합 신고를 했다. 두 회사가 배달 앱 시장에서 차지하는 점유율은 89.2%에 달한다고 한다. 공정위의 기업결합 심사 관련 쟁점은 시장점유율과 신규사업자의 시장진입가능성 등이 될 것으로 보인다. 특히 시장점유율과 관련해서는 관련 시장을 배달음식 중개업으로 볼 것인지, 전체 주문배달 시장 또는 통신판매중개업 등으로 볼 것인지에 따라 독과점 여부가 달라질 수 있다.

두 회사의 기업결합으로 인해 독과점이 발생할 것인지 아니면 혁신의 연장이 될 것인지는 이제 공정위의 심사결과를 기다려봐야 하겠지만, 결국 이로 인해 소상공인, 소비자 그리고 배달원이 우려하는 상황이 일어나지 않기를 기대해 본다.

08

마스크 사고 싶으면 맥주도 함께 사라고?

마트를 운영하는 A는 마스크 수요가 급증하자 그동안 재고로 있던 맥주를 이번에 모두 팔기 위해 마스크를 사려고 온 사람들에게 마스크만은 따로 팔지 않고 대신 마스크를 사려면 맥주도 같이 구입하도록 했다. 사람들이 마스크만 필요해서 사고 싶었지만 어쩔 수 없이 구입하고 싶지 않은 맥주도 함께 구입할 수밖에 없었다.

이처럼 A가 마스크를 구입하려는 사람들에게 마스크를 구입하려면 별개의 상품인 맥주도 함께 구입하도록 한 경우, 공정거래법에서 금지하는 끼워팔기에 해당할까.

공정거래법에서 금지하는 구입강제 중 끼워팔기는, 자기가 공급하는 상품 또는 용역 중 거래상대방이 구입하고자 하는 상품 또는 용역을 상대방에게 공급하는 것과 연계하여 상대방이 구입하고자 하지 않거나 상대적으로 덜 필요로 하는 상품 또는 용역을 정상적인 거래관행에 비추어 부당하게 자기 또는 자기가 지정하는 다른 사업자로부터 상대방이 구입하도록 강제하는 행위를 말한다.

따라서 끼워팔기가 성립하기 위해서는 ▲ 서로 다른 상품을(별개 상품성) ▲ 함께 구입하도록 강제하고(강제성) ▲ 이러한 판매행위가 정상적인 거래관행에 비추어 부당해야 한다(부당성).

우선 별개 상품성은 함께 파는 상품이 서로 다른 별개의 상품이어야 한다는 것인데, 예를 들어 자동차와 타이어, 프린터와 잉크 등이 하나의 상품인지 별개의 상품인지 견해가 다르지만 위 사례에서 보는 마스크와 맥주는 서로 다른 별개의 상품에 해당한다고 볼 수 있다. 참고로 공정위는 미국의 MS사가 자사의 컴퓨터 운영체제인 윈도우즈에 메신저, 윈도우 미디어 플레이어, 미디어 서버 프로그램을 끼워 판 행위에 대하여 이들이 서로 별개의 제품이라고 판단한 바 있다.

다음으로 강제성은 구매자가 별개 상품을 따로 구입할 자유가 없고 함께 구입해야만 한다는 것으로, 강제성이 있는지 여부는 거래상대방의 입장에서 서로 다른 두 상품을 따로 구입할 수 있는 선택의 자유가 있는지 여부가 핵심 기준이라 할 수 있다. 위 사례에서 보면 마스크를 사기 위해서는 반드시 맥주를 따로 구입해야만 하기 때문에 선택의 자유가 없다고 볼 수 있으므로 강제성이 있다고 보여진다.

마지막으로 부당성은 종된 상품을 구입하도록 한 결과가 상대방의 자유로운 선택의 자유를 제한하는 등 가격과 품질을 중심으로 한 공정한 거래질서를 저해할 우려가 있는지 여부에 따라 판단하므로, 선택의 자유 침해를 중요한 기준으로 볼 수 있다. 위 사례에서 보면 마스크를 구입하기 위해서는 구입하고자 하지 않거나 상대적으로 덜 필요로 하는 맥주를 구입하도록 함으로써 소비자들의 선택의 자유를 침해한다고

볼 수 있다. 그러므로, A의 행위는 공정거래법에서 금지하는 구입강제 중 끼워팔기에 해당할 소지가 있다고 볼 수 있다.

최근 마트나 온라인 마켓 등에서 특정 상품을 구입하면 마스크를 사은품으로 준다는 마케팅을 심심찮게 볼 수 있다. 마스크가 이른바 금스크가 된 상황에서 소비자들은 마스크를 사은품으로 받기 위해 특정 상품을 구입하는 경우도 생기고 있다. 물론 위와 같은 마케팅은 앞서 본 사례와는 달리 해당 상품을 구입하는 것과 연계하여 마스크를 구입하도록 하는 것이 아니어서, 공정거래법에서 금지하는 끼워팔기로 보기는 어려운 면이 있다.

하지만, 마스크 대란이 일어난 현재 상황에서 위와 같은 마케팅은 소비자들의 입장에서 볼 때 해당 제품에 대한 구매의 강제성을 느낄 수 있으므로 자제하는 것이 바람직해 보이고, 무엇보다도 지금 힘들고 어려운 시기가 지나가고 하루빨리 서로 마주 보며 환하게 웃을 수 있는 봄날이 오기를 바라본다.

09

친구가 자기 회사 물건을
사달라고 부탁한 이유

A회사는 매년 설과 추석 명절 때 자기의 임직원을 대상으로 A회사의 명절 선물세트를 구입 또는 판매하도록 했다. A회사는 목표금액을 할당한 후 실적을 보고 받아 그룹웨어에 공지하여 실적을 주기적으로 점검했고, 실적이 부진할 경우 불이익을 언급하는 대표이사 명의의 문서를 배포하기도 했다.

이처럼 A회사가 자기의 임직원으로 하여금 자사의 상품을 구입 또는 판매하도록 한 경우 공정거래법에서 금지하는 구입강제행위, 즉 사원판매행위에 해당할까.

사원판매란, 부당하게 자기 또는 계열회사의 임직원으로 하여금 자기 또는 계열회사의 상품이나 용역을 구입 또는 판매하도록 강제하는 행위를 말한다. 따라사 사원판매가 성립하기 위해서는 ▲ 자기 또는 계열회사의 임직원을 대상으로 ▲ 자기 또는 계열회사의 상품(용역)을 구입 또는 판매하도록 하고, ▲ 그 행위에 강제성이 있어야 한다.

이와 관련하여, 임직원에는 정규직, 계약직, 임시직 등 고용의 형태를 묻지 않으며, 판매 영업을 담당하는 임직원에게 판매를 강요하는 행위는 원칙적으로 적용 대상이 되지 않는다. 또한, 자기와 계열회사에 있지 않은 회사, 예를 들어 협력업체의 상품을 구입 또는 판매하도록 하는 행위는 포함되지 않으며, 단지 임직원들을 상대로 자기회사 상품의 구매자 확대를 위하여 노력할 것으로 촉구하고 독려하는 것은 해당하지 않는다.

사원판매에서의 강제성 판단에 있어서 불이익 제공여부는 거래 주체의 선택의 자유를 침해한다는 점에서 강제성 판단의 핵심적인 기준이 되며, 예를 들어 우수한 판매실적자에게 일정한 이익을 제공하는 경우나 단순한 구입이나 판매

권장의 경우처럼 불이익의 제공이 없었다면 강제성은 인정되기 어렵다.

　A회사는 매년 사원 판매용 명절 선물세트를 별도로 출시하여 A회사 대표이사 직속 경영 관리실에서 주도하여 사원판매를 실시하면서 임직원들이 느끼는 심리적 부담이 상당했다는 점, 매일 체계적인 실적 집계와 달성률 공지, 판매 부진 시 징계 시사 등을 한 점에 비추어 강제성이 인정될 수 있다. 공정위 역시 최근 위와 같은 유사한 사안에 대해 공정거래법에서 금지하는 사원판매행위에 해당한다고 보아 시정명령과 과징금을 부과했다.

　참고로, 공정위의 불공정거래행위 심사지침에서는 사원판매에 해당될 수 있는 행위로 ▲ 자기 또는 계열회사의 상품을 임직원에게 할당하면서 판매 실적으로 관리하거나 대금을 임금에서 공제하는 행위, ▲ 비영업직 임직원에게 자사 상품의 판매에 대한 목표를 설정하고 미달성 시 인사상의 불이익을 가하는 행위, ▲ 자신의 계열회사에게 자신이 생산하는 상품의 판매를 할당

하고 당해 계열회사는 임직원에게 협력업체에 대하여 판매할 것을 강요하는 행위 등을 예시하고 있다.

사원판매는 우리나라에 있는 그룹체제와 연고문화에서 비롯된 독특한 행위의 유형으로, 당해 산업이나 상품이 신생사업이거나 당해 사업자가 신규사업자일 경우에는 상품에 대한 인지도를 제고하고 상품에 대한 정보를 제공한다는 차원이나, 당해 사업자의 경영상태가 악화되어 정상적인 업무수행이 불가피한 경우에는 사원에 대한 판매의 강제가 어느 정도 허용될 여지는 있을 것이다.

하지만 누구든지 자신이 필요한 상품을 구매할 때 가격과 품질을 고려하여 선택할 자유가 있는데, 이에 반하여 자기가 속한 회사의 상품을 구매하도록 강제하는 것은 이러한 자유를 박탈하는 것이고, 경쟁사업자의 경쟁기회를 제한하는 것으로 볼 수 있다. 더욱이 해당 임직원은 할당된 구매량을 채우기 위해 자신의 친인척이나 친구 등에게도 구매를 부탁하게 되어 개인적인 자존감 저하나 정신적 스트레스도 커지게 된다.

앞으로는 고용 관계상 열위에 있는 임직원들이 자신의 의사와 상관없이 사원판매에 참여하게 되는 상황이 개선되고 경쟁사업자 간 가격이나 품질, 서비스를 통한 경쟁이 활성화되기를 바란다.

10

휴대폰 싸게 샀다고 좋아했는데, 알고 보니

40대 회사원 A는 B이동통신사의 출고가 94만 9,000원인 C모델 핸드폰을 보조금을 지급받아 87만 1,000원에 할인 구매하였다고 기뻐하였다. 그러나 C모델은 공급가 63만 9,000원으로 B사가 가격을 부풀리지 않고 공급가에 물류비용만 포함하여 출고가를 약 68만 원으로 책정하여 판매하였다면, A는 보조금을 전혀 받지 못해도 19만 원 더 저렴하게 구입하였을 것이다.

2008년 이후 방통위 보조금 규제가 폐지되고, 외산휴대폰 진입이 본격화되면서 통신사 간 경쟁뿐만 아니라 제조사 간 경쟁도 심화되자, 통신 3사 (SKT, KT, LGU+)와 휴대폰제조 3사(삼성전자, 엘지전자, 팬텍)는 보조금이 많은 휴대폰이 소비자 유인효과가 크다는 점을 이용하여 기존 관행과는 달리 보조금을 감안하여 휴대폰 가격을 높게 설정하고, 가격을 부풀려 마련한 보조금을 대리점을 통해 소비자에게 지급했다. 예를 들어, 통신 3사는 44개 휴대폰 모델을 대리점에 넘기면서 가격을 구매가보다 평균 22만 5,000원 높게 책정했다. 그리고 차액 22만 5,000원으로 소비자들에게 큰 혜택을 주는 것처럼 했다. 휴대폰제조 3사도 실제 자신들이 통신사에 넘기는 가격보다 더 높게 판매가격을 매겨 대리점에 내놓으라고 구체적인 액수까지 통신사에 제안하며 거들었다. 소비자들이 접하는 가격이 높으면 '고가 휴대폰 이미지' 형성이 가능하다고 판단했기 때문이었다.

결국 공정위는 휴대폰 가격을 부풀린 후

보조금을 지급하여 '고가 휴대폰'을 '할인 판매'하는 것처럼 소비자를 기만한 통신 3사 및 휴대폰제조 3사의 행위가 불공정거래행위 중 '위계에 의한 부당한 고객유인행위'(공정거래법 제23조 제1항 제3호)에 해당한다고 판단하고, 시정명령과 과징금 총 453억 3,000만 원을 부과했다.

통신 3사와 휴대폰제조 3사의 이러한 불공정행위로 인한 소비자 피해는?

휴대폰과 이동서비스가 결합된 판매방식만 존재했고, 당시 구조에서 소비자는 휴대폰 가격구조를 이해하기 어렵고, 휴대폰 가격의 투명성도 부족했다. 이러한 구조에서 통신사·제조사는 휴대폰 가격을 부풀리는 방식으로 조성한 보조금을 지급하여 실질적인 할인혜택이 전혀 없음에도 불구하고, 이러한 사실이 은폐됨에 따라 소비자는 이동서비스 가입대가로 통신요금수익에 기반한 보조금을 지급받음으로써 '고가의 휴대폰을 싸게 구입'하는 것으로 오인하게 되고, 이는 보조금제도가 휴대폰 구입비용 부담을 덜어주는 실질적인 할인제도라고 인식하는 소비자의 신뢰를 악용한 '착시 마케팅'에 해당한다.

따라서 실제로 명목상의 보조금은 실질적으로 할인혜택이 전혀 없는 것이고, 또한 소비자가 얻는 보조금은 부풀려진 출고가에 비해 낮아지기 때문에 오히려 실질 소비자 구매가격이 높아지는 부작용이 발생될 수 있다. 그리고 휴대폰 가격이 높아지는 경우 소비자가 요금할인 등의 혜택을 더 받기 위해 자신의 통신 이용 패턴과 관계없이 더 비싼 요금제에 가입하는 문제도 발생할 수 있다. 더욱이 휴대폰 할부구매 시 구매가격이 높아지는 경우 할부금 잔여대금이 커서 소비자가 통신사 전환을 쉽게 하지 못하는 고착효과도 발생할 수 있다. 이러한 점들 때문에 공정위는 통신 3사와 휴대폰제조 3사의 행위가 소비자오인성과 함께 소비자피해가 있다고 판단하고 제재를 가했다.

특히 공정위는 통신 3사 및 휴대폰제조 3사에게 가격 부풀리기를 통한 위계에 의한 장려금 지급행위를 금지하거나(행위중지명령) 또는 통신 3사는 공급가와 출고가 차이내역을, 제조 3사는 월별 판매장려금 내역을 각각 자사 홈페이지를 통해 공개(공개명령)하도록 하였다. 다만, 서울고법은 '출고가와 공급가 차이를 공개하라'는 공정위 처분에 대해 "제조사와 이동통신사가 협의해 정한 사업자모델의 공급가와 출고가의 차이를 공개하는 것은 헌법 제12조 제2항 후단의 '진술거부권'이 보장하고 있는 '자기부죄금지원칙'에 위배된다."고 판단하였다.

단통법상 보조금 상한제 폐지 …
휴대폰 가격 거품 사라지고 통신비 부담도 줄어들기를

2017년 10월 1일부터 출시된 지 15개월 미만의 휴대폰에 대해 이동통신사들이 지원금을 33만 원 이상 지급하지 못하도록 제한해 놓은 '상한제'가 풀렸다. 이에 따라 이동통신사들은 최신 프리미엄폰에 대해서도 지원금을 33만 원 이상 지급할 수 있게 되었다. 이러한 단말기 지원금 상한제는 2014년 10월 1일 단말기유통법(약칭) 시행과 동시에 도입됐다. 이는 출시 15개월 미만 단말기에만 적용되고, 15개월이 지난 단말기에 대해서는 33만 원 이상 지급할 수 있었다. 단통법 시행 당시 도입된 부칙에 따라 지원금 상한제는 3년 일몰조항으로 제정되었다. 법 시행 이후 3년 뒤에는 자동으로 폐지되기 때문에, 지난 9월 30일 자로 자동 일몰된 것이다.

이처럼 이동통신사가 휴대폰을 구매할 때 보태는 지원금 한도를 33만 원으로 제한한 규정은 폐지되었지만, 지원금 액수는 크게 오르고 있지 않다고 한다. 그 이유 중 하나는 지원금보다 판매장려금(리베이트) 중심의 유통방식이 자리잡았기 때문이라고 한다. 다시금 불법 보조금이 마케팅의 수단으로 모습을 드러내고 있는 우려가 비치고 있다.

소비자의 한 사람으로서, 공정위가 보조금을 이용해 소비자를 기만하는 영업 관행에 제동을 걸어 휴대폰시장 경쟁 활성화의 기반을 마련하고, 단통법 시행으로 인해 모든 사람이 차별받지 않도록 하는 '보조금 공시'와 보조금을 받지 않는 경우 보조금에 상응하는 요금할인을 해주는 '분리요금제'가 운영되는 만큼, 최근 단통법상 보조금 상한제가 폐지된 것을 계기로 오히려 휴대폰 가격의 거품이 사라지고 소비자들의 통신비 부담도 줄어들 수 있는 휴대폰시장이 되었으면 좋겠다는 생각을 해본다.

11

경쟁사 화장품
'빈 병' 가져오면 신제품 교환,
불법일까

국내 중저가 상표 화장품을 제조·판매하는 A사는 B에센스(42,000원 상당)를 출시하면서 누리집 또는 페이스북에서 신청하는 모든 고객을 대상으로, 고가 외국 상표 화장품을 수입·판매하는 C사의 D에센스(150,000만 원 상당) 공병을 A사의 매장에 가지고 오면 한 달 동안 B에센스 정품으로 교환해 주는 행사(이하 '이 사건 공병행사')를 진행하였다.

이에, D사는 A사에게 이 사건 공병행사가 공정거래법이 금지하는 '부당한 고객유인행위'에 해당하므로 이 사건 공병행사를 중지하라고 통보하고, 법원에 A사를 상대로 행위금지가처분 및 손해배상 청구와 함께 공정위에 A사를 신고하였다.

이처럼 A사는 신제품 B에센스를 출시하면서 C사의 D에센스 공병을 가져오는 고객에게 A사의 B에센스를 무료로 증정하는 이 사건 공병행사를 진행하였는데, 이러한 A사의 행위가 C사의 고객만을 대상으로 정상적인 거래관행에 반하여 과다한 이익을 제공하여 C사의 고객을 A사와 거래하도록 유인한 행위에 해당하여 위법할까?

부당한 고객유인행위 …
이익제공 또는 제공제의가 가격과 품질 등에 의한 바람직한 경쟁 질서를 저해하는 불공정한 경쟁수단에 해당하는지 여부를 위주로 판단

공정거래법 제23조 제1항 제3호에서 금지하는 '부당한 고객유인행위'는 해당업계의 통상적인 거래관행에 비추어 부당하거나 과대한 이익을 제공 또는 제공할 제의를 하여 경쟁사업자의 고객을 자기와 거래하도록 하는 행위를 말한다.

그리고, 그 위법성은 이익제공 또는 제공제의가 가격과 품질 등에 의한 바람직한 경쟁 질서를 저해하는 불공정한 경쟁수단에 해당하는지 여부를 위주로 판단하여야 하고, 이익제공으로 인한 효율성의 증대효과나 소비자후생 증대효과가 경쟁수단의 불공정으로 인한 공정거래 저해효과를 현저히 상회하거나, 부당한 이익제공을 함에 기타 합리적인 이유가 있다고 인정되는 경우에는 불공정한 경쟁수단에 해당하더라도 부당한 고객유인행위로 보지 않을 수 있다.

가처분 법원과 1심 법원 … 이 사건 공병행사는 '위법'

1심 법원은 A사의 이 사건 공병행사가 정상적인 거래관행에 비추어 부당하거나 과대한 이익을 제공하여 경쟁사업자인 C사의 고객을 A사와 거래하도록 유인하는 행위에 해당하여 부당하게 경쟁자의 고객을 자기와 거래하도록 유인하는 행위로서 공정한 거래를 저해할 우려가 있는 행위에 해당한다고 보면서, A사는 C사가 입은 무형적 손해에 대하여 배상할 책임이 있다고 판단하였다.

즉, 1심 법원은 ▲ 이 사건 공병행사의 대상은 A사의 제품을 구매한 고객이나 제3의 회사 제품을 구매한 고객을 제외하고 오직 C사의 제품을 구매한 고객만을 대상으로 한 점 ▲ 부당한 이익에 의한 고객유인행위를 판단함에 있어 경쟁사업자의 고객을 이익제공자인 A사와 거래하도록 유인할 가능성이 있으면 족하고 반드시 이익제공자와 실제로 거래관계를 맺을 것을 요건으로 하고 있다고 보이지 않는 점 ▲ 이익 제공의 방법에는 제한이 없다고 할 것인데, A사는 B에센스를 무상 제공함으로써 원래 지급받아야 할 대금비용을 면제하여 준 점 ▲ 이 사건 공병행사로 소비자후생 증대효과와 효율성 증대효과가 현저히 나타났다고 인정할 만한 증거가 부족하다고 보았다.

공정위와 항소심 법원 … 이 사건 공병행사는 '적법'

하지만 공정위와 항소심 법원의 판단은 달랐다. 1심 법원과 달리 ▲ 개개인의 피부성질과 취향에 따라 선호하는 상품이 상이하고 기호성·유행성이 강한 화장품의 특성상 화장품 업계에서 다양한 샘플이나 정품 증정행사가 관행적으로 이루어지고 있고, 특히 신제품을 출시할 경우 샘플이나 고가의 정품을 무료로 제공하여 소비자들이 직접 체험할 수 있도록 마케팅 수단이 보편적으로 활용되고 있는 점 ▲ 이 사건 공병행사는 D에센스 공병을 가지고 오는 소비자에게 A사 제품을 구매하여야 한다거나 D에센스를 구매하지 못하게 하는 등의 아무런 조건 없이 B에센스를 무료로 제공하여 제품 사용의 기회를 주는 것에 중점이 있는 점을 근거로 들었다.

또한 ▲ A사는 이 사건 공병행사의 광고문에 '부담없이 경험하고, 냉정하게 평가하자'고 기재하였고, 소비자의 입장에서는 두 제품을 모두 사용해 보고 품질과 가격을 비교평가할 기회를 갖는 반면, 다시 B 또는 D에센스 중 어느 것을 구입할 것인지의 최종 결정은 여전히 소비자의 선택에 맡겨져 있는 점 ▲ D에센스는 B에센스보다 약 3배 이상 고가의 수입화장품으로서 그 판매처나 구입하는 소비층이 같다고 할 수 없어 1회적으로 실시

된 이 사건 공병행사로 인하여 D에센스를 구매하던 소비자가 B에센스를 실제로 구입하게 될 것이라고 단정하기 어렵다고 보았다.

이 사건 공병행사,
부당한 의도로 무임승차하거나 부당한 비교광고에도 해당하지 않아

한편, C사는 A사가 가장 인지도 및 신뢰도가 높은 D에센스만을 겨냥하여 이와 유사한 이름 및 용기를 사용한 모방품을 만들어 C사가 수십 년간 쌓아 올린 D에센스의 이미지를 실추시키는 동시에 이에 편승하여 부당한 이익을 얻고자 하는 전형적인 노이즈 마케팅 행위를 하였다고 주장하였으나, A사가 비교 평가 대상으로 D에센스를 선택하였다는 사실만으로 위 제품의 인기도에 편승하여 무임승차할 의도였다고 보기 어렵다고 보았다.

나아가, C사는 A사가 D에센스만을 대상으로 한 이 사건 공병행사를 진행함으로써 소비자들에게 C사가 판매하는 D에센스가 A사가 출시한 B에센스와 비교하여 가격만 비싸다는 인식을 은연 중에 부추김으로써 B에센스가 가격이 저렴함에도 품질에서 뒤지지 않을 수 있다는 인상을 심어주고자 하였다고 주장하였으나, A사가 값비싼 수입화장품과 비교하여 가격이 저렴하다는 사실만을 비교하고 있을 뿐, 그 품질에 대해서는 이 사건 공병행사를 통해 소비자들이 직접 체험하고 냉정하게 평가해 달라는 것이므로, 품질에 있어 소비자를 속이거나 소비자로 하여금 잘못 알게 할 우려가 있는 비교광고를 하였다고 보기 어렵다고 보았다.

12

유흥업소에서
항상 같은 양주만 권한 이유

위스키를 주력으로 판매하는 주류 판매업자인 A사는 197개 유흥소매업소의 소위 키맨(Keyman, 유흥소매업소에서 근무하면서 해당 업소와 소비자의 주류 선택 및 구매에 영향력을 행사하는 실무자로 주로 대표, 지배인, 매니저, 실장, 마담 중에서 지정됨)에게 해당 업소에서 경쟁사 제품 취급을 줄이고 자사 제품을 일정 수량 이상 구매할 것을 약정하며 평균 5,000만 원, 1회당 최대 3억 원까지 288회에 걸쳐 총 148억 532만 원의 현금을 제공하였다.

이처럼 A사가 유흥소매업소를 대상으로 현금 지원을 한 행위가 공정거래법 제23조 제1항 제3호에서 금지하는 부당한 고객유인행위에 해당할까.

정상적인 거래관행에 비추어 부당하거나 과대한 이익을 제공한 경우에는 부당한 고객유인행위에 해당

공정거래법 제23조 제1항 제3호에서 금지하는 '부당한 이익에 의한 고객유인행위'가 성립하기 위해서는 ▲ 정상적인 거래관행에 비추어 부당하거나 과대한 이익을 제공 또는 제공할 것을 제의하여, ▲ 경쟁사업자의 고객을 자기와 거래하도록 유인함으로써, ▲ 공정한 거래를 저해할 우려가 있어야 한다.

정상적인 거래관행이란, 원칙적으로 해당업계의 통상적인 거래관행을 기준으로 판단하되 구체적인 사안에 따라서는 바람직한 경쟁질서에 부합하는 관행을 의미하기도 하며, 현실의 거래관행과 항상 일치하는 것은 아니다. 또한 부당한 이익에 해당하는지는 관련 법령에 의해 금지되거나 정상적인 거래관행에 비추어 바람직하지 않은 이익인지 여부로 판단하고, 과대한 이익에 해당하는지는 정상적인 거래관행에 비추어 통상적인 수준을 넘어서는지 여부로 판단한다.

부당한 이익의 제공이 경쟁사업자의 고객을 자기와 거래하도록 유인할 가능성이 있는지 여부는 객관적으로 고객의 의사결정에 상당한 영향을 미칠 가능성이 있는지 여부에 따라 결정되며, 공정거래 저해성이란 불공정성을 포함하는 개념으로 경쟁수단 또는 거래내용이 정당하지 않으면 불공정한 행위로서 공정거래 저해성이 있다고 본다.

공정위 … A사의 행위는 부당한 고객유인행위에 해당

공정위는 경쟁사 제품 취급 제한 등을 조건으로 유흥업소에 현금 등을 제공한 A사의 행위가 공정거래법 제23조 제1항 제3호에서 금지하는 부당한 고객유인 행위에 해당한다고 판단하고, A사에 시정명령과 함께 과징금 12억 원을 부과했다.

즉, 정상적인 거래질서 하에서 A사는 판매량 증진을 위해 사전적으로 거래상대방에게 자기 제품의 판매량 증가분에 따라 정액·정률식의 인센티브를 제공하기로 약정하고 사후 정산을 통해 해당 금액을 지급하는 등의 가격할인적 요소를 지닌 판매장려금을 지급할 수 있었음에도 불구하고, 중간단계 의사결정권자인 키맨에게 경쟁사 제품의 판매를 축소하거나 취급하지 아니하는 조건으로, 사실상 판매량과 무관한 정액의 현금을 제품에 대한 최종 소비자의 구매의사 결정 전에 사전적으로 지급한 것은 정상적인 거래관행을 벗어난 것이라고 보았다.

또한 키맨 입장에서는 소비자 권유 등의 방법으로 A사 제품 판매를 촉진하는데 따르는 비용은 거의 없는 반면, 키맨이 경쟁사 제품을 취급하지 않는다고 하여 소비자의 유흥소매업소 변경 가능성은 크지 않으므로 A사의 이익제공으로 키맨이 소비자로 하여금 A사 제품을 구매하도록 유인할 가능성도 큰 것으로 판단하였다.

더욱이 A사의 현금지원 조건으로 경쟁사의 판촉행사 하지 않을 것, 경쟁사 제품을 메뉴에서 제외할 것 등을 구체적으로 약정하거나 고지한 것은 단순히 A사의 제품 판매량의 증대 차원에서 이루어진 것이 아니라 경쟁사업자를 배제하고 A사의 제품을 우선 취급하도록 하기 위한 의도로 이루어진 것으로, 공정한 거래를 저해할 우려가 있다고 보았다.

음성적 자금 지원 등 불공정한 경쟁수단 사용하여 소비자의 선택권 제한하는 불공정 거래행위 근절되기를

국세청 고시인 '주류 거래 질서 확립에 관한 명령 위임 고시' 제2조는 주류 제조업자 및 수입업자가 주류공급과 관련하여 장려금 또는 수수료 등의 명목으로 금품 및 주류 제공 또는 외상매출금을 경감함으로써 무자료 거래를 조장하거나 주류 거래 질서를 문란하게 하는 행위 및 주류판매점 종업원 등에게 병마개 회수대가로 금전을 지급하거나 이와 유사한 행위를 하는 것을 금지하고 있다.

 양주를 포함한 주류는 주세법령에 따라 용도별로 가정용, 유흥음식점용, 주세면세용으로 판매되는데, 특히 그 자리에서 주류를 소비할 수 없는 매장(슈퍼마켓이나 대형마트 등)에서의 판매량이 많은 맥주, 소주, 막걸리 등과 달리 양주는 유흥소매업소를 통한 판매비중이 위스키의 경우 80~90%에 이르기 때문에 유흥소매업소에 대한 주류판매업자의 유통망 관리능력이 중요하다.

 결국 최종 고객에게 제품을 권유할 수 있는 중간 단계 고객, 즉 키맨이 최종 고객의 선택을 대신하거나 왜곡시키도록 사회 통념에 비해 과다한 금액을 음성으로 제공하여 고객을 유인하는 것은 가격이나 품질, 서비스 우수성에 근거한 공정한 경쟁수단이 아닌 음성적 자금지원 등 불공정한 경쟁수단을 사용한 것으로, 궁극적으로 최종 고객의 선택권을 제한하는 불공정한 거래행위라고 할 것이다.

13

회삿돈 빼돌린 재벌총수,
법원의 판단은

상호출자제한기업집단 A(이하 'A그룹')에 속하는 B사는 자기가 노력하여 만들어낸 인터넷 광고 수익을 계열회사인 C사가 전부 누리도록 하고, 계약상 지급받기로 한 통신 판매 수수료를 이유 없이 면제하는 등 다양한 방식으로 C사와 A그룹 총수 자녀들에게 부당한 이익을 제공하였다. 또한, B사는 계열회사인 D사에게 콜센터운영 업무를 위탁한 후 시스템 장비에 대한 시설사용료와 유지보수비를 과다하게 지급하는 방식으로, D사와 A그룹 총수 자녀들에게 부당한 이익을 제공하였다. B사와 계열회사인 C사, D사에게 공정거래법 제23조의2에서 정한 특수관계인에 대한 부당한 이익제공행위(이하 '총수일가 사익편취행위')가 성립할까?

공정위는 B사가 특수관계 계열회사인 C사 및 D사와의 내부거래를 통해 총수일가에게 부당한 이익을 제공했다고 판단하고, 시정명령 및 과징금(총 14억 3,000만 원)을 부과했다.

하지만, 서울고법은 B사와 특수관계 계열회사인 C사, D사 사이의 내부거래계약이 총수일가 사익편취행위에 해당한다고 볼 증거가 부족하다고 판단하고 공정위의 시정명령, 과징금부과처분을 취소했다.

위 사례는 2015년 2월 본격 시행된 총수일가 사익편취행위 금지규정이 적용된 첫 사례로, 총수일가 사익편취행위의 경우에도 '부당성'이 별도의 성립요건인지에 대한 법리해석이 치열했던 사건으로 향후 대법원 최종 결론에 따라 확정되면 공정위 실무에도 큰 영향을 미칠 것으로 보인다.

총수일가 사익편취행위의 성립요건은?

공정거래법 제23조의2가 금지하는 총수일가 사익편취행위에 해당하는지를 판단하기 위해서는, 우선 당해 행위의 양 당사자가 공정거래법 제23조의2 제1항에서 정하고 있는 규율대상 요건을 충족하는지를 판단하여야 한다. 총수일가 사익편취행위의 지원주체는 공시대상기업집단에 속하는 회사이어야 한다. 공시대상기업집단이란, 기업집단에 속하는 국내회사들의 자산총액의 합계액이 5조 원 이상인 기업집단을 의미한다. 총수일가 사익편취행위의 거래상대방인 지원객체는 특수관계인 또는 특수관계인이 발행주식 총수 100분의 30(비상장회사의 경우에는 100분의 20) 이상의 주식을 보유하고 있는 계열회사이어야 한다.

한편, 총수일가 사익편취행위에 해당하려면 공정거래법 제23조의2 제1항 각호의 세부유형별 금지행위(상당히 유리한 조건의 거래, 사업기회 제공, 합리적 고려나 비교 없는 상당한 규모의 거래)의 성립요건을 충족하여야 한다.

그렇다면, '부당성'도 총수일가 사익편취행위의 독립된 성립요건일까?

총수일가 사익편취행위는 금지행위의 유형별에 해당하는 경우, 특별한 다른 사유가 없는 한 공정거래법 제23조의2를 위반한 것으로 볼 수 있을까? 아니면 독립된 성립요건으로 공정위가 이를 입증해야 할까?

공정위는 공정거래법 제23조 제1항 제7호의 부당한 지원행위가 행위요건과 별도로 '부당성' 요건을 입증하여야 하는 것과 달리, 총수일가 사익편취행위는 금지행위의 유형에 해당하는 경우 특별한 다른 사유가 없는 한 공정거래법 제23조의2를 위반한 것으로 보고, 앞서 본 사례에서 B사와 특수관계 계열회사 C사, D사를 제재했다.

이와 달리, 서울고법은 공정거래법 제23조의2 제1항의 입법취지, 목적, 입법경과, 문언내용, 법령 해석의 일반 원칙 등에 비추어 볼 때 '부당성'도 독립된 규범적 요건이라고 인정되고, 공정거래법 제23조의2 제1항 제1호 "정상적인 거래에서 적용되거나 적용될 것으로 판단되는 조건보다 상당히 유리한 조건으로 거래하는 행위"를 해석함에 있어서는 공정거래법 제23조의 정상가격에 관한 해석론을 참작하되 입법취지에 맞게 공정거래저해성이 아니라 경제력 집중 등의 맥락에서 조화롭게 해석해야 한다고 하면 위와 같은 부당성의 증명책임은 공정위에 있다고 보고 공정위의 처분을 취소했다.

즉, 공정위는 공정거래법 제23조의2 제1항의 성립요건은 ① 행위주체, ② 행위객체, ③ 각호의 행위, ④ 비정상적 거래를 할 만한 특별한 사정 또는 합리적 이유의 부존재라고 주장하였으나, 서울고법은 ④의 요건은 '부당한 이익'을 규범적으로 판단하는 중요한 하나의 사정에 불과할 뿐, 그것만으로 '부당한 이익'의 요건을 모두 충족한다고 보기는 어렵다고 판단했다. 즉, 공정위가 언급하는 위 4가지 요건이 모두 충족된다고 하더라도 거래의 규모나 귀속되는 이익의 규모 등에 비추어 사익편취를 통한 경제력 집중

의 효과가 발생할 여지가 없거나 극히 미미한 경우 또는 이를 규제하는 것이 사적 자치의 본질을 해하는 경우라면 그러한 경우에까지 '부당한 이익'이 된 다고 평가할 수는 없다고 판단하였다.

예를 들어, 서울고법은 C사가 B사의 행위로 인해 얻은 이익이 C사의 2015 년 총 매출액의 0.5%, 당기순이익의 6%에 그치는 수준이고, 공정위가 주장 하는 위반 금액은 위 이익의 10%에 해당하는 금액으로 그 규모가 미미하므 로, 이 정도 규모의 거래를 통하여 B사와 C사가 사익을 편취하고 경제력의 집중을 도모한 것으로 보기 어렵다고 판단하였다.

결국, 공정위가 총수일가가 편취한 이익이 상당한 규모라는 점을 입증해야

결론적으로, 총수일가가 편취한 이익이 상당한 규모였다면 비교적 무난하 게 부당성이 인정되었을 가능성도 있으며, 공정위가 사익편취를 규제할 때 정 상가격 산정기준을 합리적으로 마련하여 특수관계인에 귀속되는 이익이 상당 한 규모임을 보여주었다면 지금과는 다른 결론이 나왔을 수도 있어 보인다.

비록 공정위가 이번 서울고법의 판결로 인해 대기업 총수일가의 일감몰아 주기와 위법행위를 적발하는 것이 다소 순탄치 않을 것으로 전망되지만, 총 수일가 사익편취행위를 규제하고자 하는 근본 취지가 대기업 집단 소속회사 의 경제적 부가 지배주주 일가 개인에게 부당하게 돌아가는 것을 막기 위한 것이라는 점을 다시 한번 상기하고, 이에 대한 입증을 보완·강화한다면 그간 규제의 사각지대에 있던 총수일가 사익편취행위를 적발하고 부당한 내부거 래 관행이 개선될 수 있을 것으로 기대한다.

14

외국기업이 외국에서 담합했는데
왜 한국 공정위가 제재?

공정위는 2008년 12월 한국시장을 대상으로 복사용지 수출가격을 담합한 4개 동남아 제지업체들에 대하여 시정명령하고, 과징금 약 40억 원을 부과했다.

담합을 한 업체는 ▲ 인도네시아의 인다 키아트 ▲ 싱가포르의 에이에프피티 ▲ 태국의 어드밴스 페이퍼 ▲ 중국의 유피엠 창슈 등으로, 이들 업체들은 트리플에이회의라는 주기적인 회합을 통해 한국을 포함한 아시아 지역 각국에 대한 복사용지 수출기준가격을 합의했다. 트리플에이회의는 싱가포르, 방콕, 홍콩 등 동남아 주요 도시를 돌아가며 열렸으며, 직접 회합이 어려울 때는 전화회의로 대신했다. 이들은 동남아시아에서 덤핑방지관세 부담을 한국 내 고객들에게 전가하려고 카르텔을 결성하여 한국 및 몇몇 지역에 수출하는 복사용지의 가격을 부당하게 결정한 것으로, 쉽게 말해 자신들의 세금부담을 한국 고객에게 전가시키려고 서로 짜고 비싸게 판매한 것이었다.

공정위의 위와 같은 조치는 전원 외국사업자들로 구성된 카르텔에 대한 제재로, 여기서 한 가지 의문은 어떻게 한국 공정위가 한국 내에서 발생한 담합행위도 아닌 외국에서 발생한 담합행위를 그것도 우리나라 공정거래법을 적용하여 제재할 수 있었을까.

역외적용 ··· 국외에서 이루어진 행위라도 국내시장에 영향을 미치는 경우에는 한국 공정거래법 적용할 수 있어

외국사업자라 하더라도 국내에서 행한 행위에 대하여는 특별한 예외가 없는 한 속지주의 원칙에 따라 국내법을 적용할 수 있다는 점에 대해서는 별다른 이의가 없다. 하지만 외국에서 행해진 외국사업자의 행위에 대해 국내법을 적용할 수 있는지에 대해서는 그동안 논란이 적지 않았던 것이 사실이다.

이에 대해서는 종래 속지주의 원칙에 따라 역외적용을 부정하자는 견해도 있었으나, 세계 경제의 통합이 가속화된 현대에 와서는 일반적으로 역외적용을 인정하는 것이 국제사회의 대세로 되었고, 그 덕분에 한국 공정위는 위와 같은 조치를 할 수 있었던 것이다.

본래 특정국가의 국내법은 영토주권, 대인주권의 원칙상 그 국가의 영토 내 또는 자국민에 대하여만 적용된다. 하지만 경쟁법 같은 경우는 외국에서의 외국사업자 행위라 할지라도 자국 내 영향을 미치는 사례가 증가하고 있기 때문에 "경쟁법의 역외적용(Extra-territorial Application)"에 대한 조항이 신설되어 OECD 국가 내의 협약과 FTA 협약 등을 통해 실제로 적용되고 있다. 이는 민법이나 형법 등 비교적 그 피해 범위가 협소하고 문화적 특색을 띄고 있는 법에 비해 경쟁법이 지닌 전 세계적 공용성과 피해의 광범위성 때문이기도 하다.

공정거래법 제2조의2 역시 "이 법은 국외에서 이루어진 행위라도 국내시장에 영향을 미치는 경우에는 적용한다."라고 역외적용을 규정하고 있으며, 이와 같이 자국 영토 밖에서 일어난 외국인 또는 외국기업의 행위에 대하여 국내법을 적용하는 역외적용이 특히 경쟁법 분야에서는 주로 외국기업 간 국제 카르텔, 다국적 기업의 시장지배적지위 남용행위의 경우에도 적용되고 있다.

위 사건에서 공정위는 공정거래법 제2조의2 및 2002년 흑연전극봉 사건의 대법원 판례에 기초하여 "외국사업자가 외국에서 부당한 공동행위를 함으로 인한 영향이 국내시장에 미치는 경우에는 공정거래법이 적용되고, 따라서 비록 피심인들이 외국법에 따라 설립되었고 주된 사무소 또한 외국에 소재하는 외국사업자에 해당되지만 종이제품을 한국시장에 수출하고 있으므로 그 범위에서 국내법의 적용을 받는다."는 취지로 결정하였다.

역외적용 확대 추세 … 피해 최소화 위해서는 우리나라 기업들이 세계 어느 나라의 기준에 비춰도 문제없을 수준으로 경쟁법 준수 노력 필요

이러한 경쟁법에 있어서의 역외적용 확대 추세는 장·단점을 가지고 있다. 장점은 경쟁법 역외적용으로 자국 산업을 보호할 수 있다는 점이다. 반면, 단점은 우리나라 기업이 미국이나 중국, EU 등 거대시장의 경쟁당국으로부터 제재를 받고 큰 타격을 입을 수 있다는 것이다. 얼마 전 공정위 발표에 따르면, 우리나라 기업들이 국제 카르텔 사건에 연루되어 미국과 유럽지역에서 부과받은 벌금만 약 2조 4,000억 원으로 세계 2위를 기록하고 있다.

이와 같이 우리나라 기업들이 각 경쟁당국의 역외적용으로 인한 피해를 줄이기 위해서는, 우선 기업들의 잘못된 영업관행을 바로 잡을 필요가 있다. 또한 각 경쟁당국의 법 집행동향에 대한 전략을 이해하고 대비하는 것이 필요하다. 왜냐하면 각 경쟁당국은 각자의 법을 일방적으로 적용하고 있기 때문에, 기업들은 세계 어느 나라의 기준에 비춰도 문제가 없을 수준으로 경쟁법을 준수하는 노력이 필요하다.

15

'1원'에 입찰했는데 낙찰, 불공정거래행위일까

A광역시는 지역정보화의 목표, 추진전략, 분야별 추진과제, 정보화시스템 구축 전략 제시 등을 그 내용으로 하는 "A광역시 지역정보화기본계획"을 수립하고, 이를 수행하기 위한 시스템통합(SI) 용역을 공개입찰 형식으로 발주하였다. 당시 A광역시가 내정했던 입찰의 예정가격은 97,244,000원이었다. 이 입찰에는 B사, C사, D사 등 세 업체가 응찰하였다. 그런데 이들 업체가 제시한 가격은 예정가격에 크게 못 미치는 수준으로, B사는 예정가격의 2.98%인 2,900,000원, C사는 19.99%인 19,440,000원, 그리고 D사는 34.24%인 33,300,000원에 각각 응찰하였고, 그 결과 가장 낮은 가격을 제시한 B사가 낙찰자로 선정되었다.

이처럼, 최소한의 인건비에도 못 미치는 입찰가격으로 낙찰받은 B사의 행위가 부당하게 용역을 낮은 대가로 공급함으로써 자기의 경쟁사업자인 C사, D사를 배제시키는 것으로 공정거래법 제23조 제1항 제2호에서 금지하는 불공정거래행위 중 '부당염매'에 해당할까.

낮은 가격으로 판매하는 행위가 모두 부당염매는 아니며, 행위의 동기 등을 고려해야

공정거래법 제23조 제1항 제2호에서 금지하는 '경쟁사업자의 배제'라 함은 사업자가 시장에서 부당하게 경쟁자를 배제하기 위하여 거래하는 행위를 말한다. 정당한 경쟁이 아닌 부당한 경쟁, 즉 사업자들이 정상적인 경쟁수단을 사용하지 않고 부당한 방법으로 경쟁사업자를 배제하는 것은 금지되는 것이다. 이러한 경쟁사업자 배제의 수단으로 '부당염매'가 있다.

'부당염매'란 사업자가 낮은 가격을 이용하여 공정하고 자유로운 경쟁을 저해하는 행위로서, 공정거래법은 단순히 염가판매 그 자체를 문제삼고 있는 것이 아니라, 그로부터 경쟁이 저해될 우려가 있는 경우에만 이를 금지하고 있다. 본래 가격경쟁 그 자체는 사업자들이 동원할 수 있는 가장 전형적인 경쟁수단으로서 사업자가 신기술개발, 생산성 향상, 유통구조의 개선 등을 통하여 원가를 절감하고 이를 토대로 양질의 제품을 싼 값에 공급하는 것은 경쟁의 자연스러운 결과로서 공정거래법에 의한 규제대상이 되지 않는다. 하지만 사업자가 새로운 경쟁자의 시장진입을 막거나 다른 사업자를 시장으로부터 배제하기 위하여 원가보다 현저히 낮은 가격으로 공급하는 경우에는 부당염매에 해당되어 금지된다. 즉, 저렴한 가격, 특히 경쟁사업자보다 낮은 가격으로 판매하는 행위가 모두 부당염매로 규제되는 것은 아니며, 행위의 동기 그리고 이를 객관적으로 나타내는 가격과 비용의 차이가 중요한 기준이 되어 부당염매인지 여부를 판단하게 된다.

공정위 …
B사의 행위는 부당염매에 해당, 시정명령과 함께 과징금 부과

위 사례에서 공정위는 용역입찰의 예산액이 1억 원이고, 일반적으로 SI사업자들이 예정가격 산정시 기준으로 삼는 과학기술처 공고상 엔지니어링사업 대가의 기준을 근거로 산출한 예정가격은 69,269,000원이며, 본건과 유사한 시스템구축 사례가 드물어 계획수립에 복잡한 기술이 요구되는 등의 이유로 필요한 최소한의 인건비가 53,869,000원에 이르는 점, 그리고 무엇보다도 당시 경제침체로 정보통신투자가 극히 저조한 시기에 공공부문이 SI시장에서 차지하는 비중이 결정적으로 크고, 이 사건 용역입찰에서 낙찰될 경우 A광역시를 모델로 다른 지방자치단체에서 실시할 것으로 예상되는 정보화기본계획수립에 있어서 다른 경쟁사보다 유리한 지위를 확보할 수 있다는 점 등을 고려하여, B사의 행위는 부당하게 용역을 낮은 대가로 공급함으로써 자기의 경쟁사업자를 배제시킬 우려가 있는 행위로 보아 시정명령과 함께 과징금을 부과하였다.

법원 …
B사의 응찰가격이 저가에는 해당하지만 부당하다고 볼 수 없다고 판단

B사는 위와 같은 공정위 판단에 불복하였고, 법원은 B사의 이 사건 용역입찰행위가 부당한 것이라고 볼 수 없다고 하면서 B사의 손을 들어주었다.

법원은 우선 공정거래법 제23조 제1항 제2호에서 금지하는 부당염매행위에 해당하기 위해서는 그 염매행위에 있어서 부당성이 있어야 할 것인바, 부당성이 있는지 여부는 염가의 의도·목적, 염가의 정도, 염가판매의 기간, 반복계속성, 대상 상품·용역의 특성과 수량, 행위자의 사업규모 및 시장에서의 지위, 염매의 영향을 받는 사업자의 수 및 사업규모, 시장에서의 지위 등을 종합적으로 고려하여 판단하여야 한다고 보았다.

위 사례에서 B사가 입찰에 참가함에 있어서 시장에 신규 진입하고자 하는 목적과 이 사건 용역을 낙찰받아 수행함으로써 기술 및 경험을 축적하고자 하는 목적이 있었던 점, B사가 이 사건 용역 입찰 외에 시스템통합 컨설팅 시장에 있어서 다른 저가 입찰행위를 하지는 않았던 점, A광역시가 입찰 참가자격을 제한한 결과 이 사건 입찰에 있어 B사와 경쟁관계에 있었던 사업자는 사실상 C사, D사로 한정되었는데 그들이 B사의 단 1회의 이 사건 용역 저가 입찰행위로 말미암아 시장에서 배제될 우려가 없었던 점 등에 비추어 보면, B사의 이 사건 용역 입찰행위가 부당한 것이라고 볼 수 없다고 보았다.

참고로 저가인지에 관한 판단과 관련하여서는, '공급에 소요되는 비용보다 현저히 낮은 대가'라고 규정되어 있는 이상, 낮은 대가의 판단은 일응 공급에 소요되는 비용을 기준으로 판단하여야 하고, 따라서 직접 상품 또는 용역을 창출하여 공급하는 제조업체의 경우 고정비와 변동비 모두를 포함한 총원가를 기준으로 저가 여부를 판단하여야 할 것이고, 시장상황의 악화, 수요 감퇴 등으로 말미암아 고정비를 포함한 가격으로서는 정상적인 판매가 불가능하여 변동비만을 상회하는 금액으로 가격을 정하고 가격과 변동비의 차액으로 고정비 일부에 충당할 수밖에 없게 된 경우에 그러한 사정은 부당성 유무의 판단의 한 요소로 고려되어야 할 것으로 보면서, 위 사례에서 B사는 그의 응찰가격이 인건비를 반영하지 않은 금액임을 자인하고 있으므로 B사의 응찰가격 자체는 '낮은 대가'에 해당한다고 판단하였다.

'1원 입찰'이라도 당연히 부당염매에 해당하는 것은 아니며, 경쟁사업자 배제 우려 등 판단해야

부당염매의 하나 중 이른바 '1원 입찰' 사례가 있다. 즉, 어떤 사업자가 입찰에 응찰가격 1원으로 참여하여 낙찰예정자로 결정된 사례이다. 공정위는 이에 대해 부당하게 경쟁사업자를 배제하기 위하여 거래하는 행위에 해당한다고 보고, 시정명령을 내렸다. 그러나 위 사례에서 본 것처럼, '1원 입찰'의 경우라 하더라도 당연히 부당염매에 해당하는 것은 아니며 경쟁사업자 배제의 우려가 없는 등의 사유로 부당성이 부인되는 경우에는 부당염매에 해당하지 않는다고 볼 수 있다.

다만, 위 사례나 '1원 입찰'의 경우에서 염매는 '입찰'이라는 상황에서 이루어진 만큼 입찰의 의의에 대한 이해가 선행되어야 한다. 왜냐하면 1회적인 입찰에서 시장지배력이 없는 사업자가 염매를 통해 일정한 시장에서 경쟁자를 배제하는 경우란 생각하기 어렵다는 점에서, 저가입찰을 부당한 경쟁수단으로 악용하는 사례를 적절히 규제하기 어려울 수 있기 때문이다. 따라서 이러한 점도 경쟁제한성 판단에 있어 고려해 볼 필요가 있다.

16

BMW는 담합인데,
렉서스는 아니라고?

BMW 딜러들은 BMW 딜러들 간의 할인 경쟁이 심화되어 영업 수익성이 악화되자, 각 딜러 대표들로 구성된 딜러협의회에 참석하여 차종별 가격할인 한도와 딜러별 판매지역 및 거래조건을 공동으로 설정하고, 그 위반 여부를 서로 감시·제재하기로 하였다.

렉서스 딜러들도 각 딜러 영업이사들이 참석하는 딜러 회의를 개최하여 가격할인 제한, 거래조건 설정 등을 합의하고 이를 실행하였다.

이처럼, BMW 딜러들과 렉서스 딜러들이 각각 자동차 판매가격의 할인한 도와 거래조건을 정하기로 한 행위를 한 경우, 공정거래법 제19조 제1항에서 금지하는 '부당한 공동행위(담합, 카르텔)'에 해당할까.

공정위, BMW와 렉서스 딜러들의 담합 모두 인정

공정위는 BMW 딜러들 및 렉서스 딜러들이 각각 자동차 판매가격 할인을 제한한 행위는 자신들의 이익을 증진시킬 목적으로 판촉(경쟁)활동을 공동으로 제한하려는 것이므로, 공정거래법 제19조 제1항의 합의에 해당한다고 보았다.

특히, 공정위는 위와 같은 행위는 그 주체가 각각 BMW 딜러들 및 렉서스 딜러들이고, 그 효과가 국내 BMW 자동차 판매가격 및 국내 렉서스 자동차 판매가격에만 발생하였다는 점에서 관련 시장을 각각 국내 BMW 자동차 판매시장 및 국내 렉서스 자동차 판매시장으로 보았다.

이러한 견지에서 국내 BMW 또는 렉서스 자동차 판매시장에서 시장점유율 합이 거의 100%에 달하는 BMW 또는 렉서스 딜러들의 행위는 가장 중요한 경쟁수단인 BMW 또는 렉서스 자동차의 판매가격을 직접 고정시키는 효과를 초래하여 딜러들이 가격경쟁을 하지 못하게 되었고, 이로 인해 소비자는 저렴한 가격으로 BMW 또는 렉서스 자동차를 구매하거나 더 유리한 조건으로 거래할 수 있는 기회를 잃게 되었으므로, 부당하게 경쟁을 제한하는 효과를 가지고 있다고 판단하였다.

서울고법, BMW 딜러들은 담합, 하지만 렉서스 딜러들은 담합으로 볼 수 없어

공정위의 처분에 불복한 BMW 및 렉서스 딜러들에 대해 서울고법은 BMW 딜러들의 행위는 담합에 해당하지만, 렉서스 딜러들의 행위는 담합에 해당한다고 보기 어렵다고 판단하였다.

공정거래법 제19조 제1항 소정의 부당한 공동행위, 즉 담합이 성립하기 위해서는 ▲ 공정거래법 제1항 각호 소정에 대한 '합의'가 존재하고, ▲ 동 합의가 '부당하게 경쟁을 제한'해야 한다.

특히 어떠한 공동행위가 부당한지 여부는 그 공동행위의 행위자들이 시장지배력을 행사하여 경쟁을 제한하고 있는지를 살펴서 판단하여야 하고, 이러한 경쟁제한성을 따져보기 위해서는 그 전제로서 경쟁이 이루어지는 일정한 거래분야, 즉 관련시장을 획정할 것이 요구된다. 여기서 관련시장이라 함은 거래의 객체별·단계별 또는 지역별로 경쟁관계에 있거나 경쟁관계가 성립될 수 있는 분야를 말하고, 이는 거래대상인 상품의 특성 내지 기능 및 효용의 유사성, 구매자 또는 판매자들의 대체가능성에 대한 인식, 그와 관련된 구매행태 또는 경영의사결정형태 등을 종합적으로 고려하여 판단한다.

서울고법은 BMW 딜러들과 렉서스 딜러들의 행위가 부당한 공동행위에 해당되는지를 판단하기 위해서, 먼저 위와 같은 법리에 따라 관련시장을 획정하고 그 관련시장에서 BMW 딜러들과 렉서스 딜러들이 시장지배력을 가지고 공동행위를 통하여 경쟁을 제한하는지 여부를 심사하였다.

그 결과, 우선 ▲ BMW의 경우 공동행위의 대상 및 사업자의 의도, 공동행위가 이루어진 영역 또는 분야, 공동행위의 수단 및 방법, 그 영향 내지 파급효과 등을 고려하여 별도의 경제분석 없이 관련시장을 '국내 BMW 자동차 판매시장'으로 획정한 후, BMW 딜러들의 관련시장에서의 시장점유율 합계가 사실상 100%에 이르러 BMW 딜러들의 가격할인을 제한하는 합의만으로도 BMW 자동차 판매시장에서 딜러들 간의 경쟁을 사실상 완전히 제거하게 되며, 이러한 합의는 결국 소비자에 대한 판매가격을 제한하는 것으로 행위의 속성상 소비자후생을 감소시키는 효과 외에 별다른 경쟁촉진적 효과가 없다고 판단하면서, 공정위의 처분이 적법하다고 보았다.

하지만 ▲ 렉서스의 경우 딜러들이 제출한 증거에 의하여 렉서스 자동차가 수입승용차뿐만 아니라 국산 고급승용차와 대체관계에 있다고 보고, '수입승용차와 국산 고급승용차 시장 전체'를 관련시장으로 획정한 후, 이러한 관련시장 내에서는 렉서스 딜러들의 시장점유율이 낮아 경쟁제한성을 인정할 수 없다고 판단하면서, 공정위 처분이 위법하다고 보았다.

대법원, 관련시장 다시 획정하라며 서울고법 판결을 모두 파기환송

하지만 대법원은 BMW 및 렉서스 사건 모두 공동행위가 부당한지 여부는 그 공동행위의 행위자들이 시장지배력을 행사하여 경쟁을 제한하고 있는지를 살펴서 판단해야 하며, 경쟁제한성을 판단하기 위한 전제로서 관련시장의 획정이 요구된다고 하면서 이러한 관련시장의 획정이 적정하게 이루어졌다는 사실에 관한 증명책임은 공정위에 있다고 판단하였다.

그러면서, ▲ BMW의 경우 관련시장을 획정함에 있어서 서울고법이 고려해야 한다고 들고 있는 것들은 주로 관련시장 획정 그 자체를 위한 고려요소라기보다는 관련시장 획정을 전제로 한 부당한 공동행위의 경쟁제한성을 평가하는 요소들에 해당하므로, 만약 서울고법과 같은 방식으로 관련시장을 획정하게 되면 관련시장을 획정한 다음 경쟁제한성을 평가하는 것이 아니라 거꾸로 경쟁제한 효과가 미치는 범위를 관련시장으로 보게 되는 결과가 되어 부당하다는 이유로 관련시장을 다시 획정하도록 하였다.

▲ 렉서스의 경우 역시 서울고법이 채택한 증거만으로는 렉서스 자동차가 다른 수입승용차뿐만 아니라 국산 고급승용차와 대체관계에 있다는 점을 도출해낼 수 없다고 보고 서울고법 판결을 파기환송했다.

파기환송심, BMW 딜러들 및 렉서스 딜러들 모두 담합 인정

파기환송심은 ▲ BMW의 경우 관련시장을 국내에서 판매되는 BMW 자동차의 신차종 판매시장이라고 보면서, 관련시장을 이처럼 보는 경우 BMW 딜러들의 시장점유율 합계가 사실상 100%에 이르는 점 등을 고려할 때 경쟁제한성이 인정된다고 판단하였다.

또한 ▲ 렉서스의 경우 관련시장을 BMW, 벤츠, 아우디, 렉서스, 인피니티, 볼보로 정의된 국내 고급 수입차 시장이라고 보면서, 관련시장을 이처럼 보는 경우 렉서스의 시장점유율 합계가 25.6%에 이르는 점 등을 고려할 때 역시 경쟁제한성이 인정된다고 판단하였다.

담합은 합의뿐만 아니라 경쟁제한성까지도 필요 …
관련시장 획정에 따라 담합여부 달라질 수도 있어

공정거래법 제2조 제8호는 "'일정한 거래분야'라 함은 거래의 객체별·단계별 또는 지역별로 경쟁관계에 있거나 경쟁관계가 성립될 수 있는 분야를 말한다."라고 규정하고 있다. 따라서 같은 법 제19조 제1항의 부당한 공동행위에 해당하는지 여부를 판단하기 위해서는 경쟁관계가 문제될 수 있는 일정한 거래분야에 관하여 거래의 객체인 관련상품에 따른 시장, 즉 관련상품 시장을 구체적으로 정해야 한다.

결국 공정거래법상 담합에 해당하기 위해서는 합의뿐만 아니라 그러한 합의가 부당하게 경쟁을 제한하여야 하고, 따라서 앞서 본 사례와 같이 관련시장 획정을 어떻게 획정하느냐에 따라 경쟁제한성이 인정될 수도 부정될 수도 있으며, 그 결과의 차이는 생각보다 적지 않을 수도 있다.

17

고속도로 톨게이트에서만 통행세 내는 것이 아니다?

A그룹 계열사 B사는 CD기 위주에서 ATM기 위주로의 사업모델 변경·확대 계획을 A그룹 최고 경영진에게 보고했다. 보고 당시 B사는 ATM기 제조사로 C사가 가장 적합하다고 보고했으나, 보고 중에 A그룹 최고 경영진은 A그룹 다른 계열사인 D사를 거래 중간에 끼워 넣을 것을 지시했다. ATM 사업 경험이 전혀 없었던 D사를 거래 중간에 끼워 넣게 한 것은 재무상황이 어려운 D사에 수익을 창출해 주기 위해서였다. 결국, B사는 기존의 직거래방식과는 달리 ATM기를 제조사인 C사로부터 직접 구매할 수 있었음에도 불구하고 계열회사인 D사를 통하여 구매하였고, D사는 이 거래를 통해 약 40억 원의 매출차익을 실현했다.

공정위는 B사가 제조사로부터 ATM기를 직접 구매할 수 있었음에도 불구하고 계열회사인 D사를 통하여 간접 구매하는 방법으로 부당지원한 행위에 대해 시정명령과 함께 과징금을 부과했다. 서울고법과 대법원 역시 제조사인 C사로부터 직접 구매하지 않고 같은 계열사인 D사를 거쳐 구매함으로써 D사로 하여금 매출이익을 실현하게 한 것은 공정거래법 제23조 제1항 제7호의 부당지원행위에 해당하고, 이에 대한 공정위 처분은 적법하다고 판단하였다.

부당지원행위 성립하기 위해서는, 지원행위는 물론 부당성까지 필요

공정거래법 제23조 제1항 제7호 나목 및 같은 법 시행령 제36조 제1항 관련 [별표 1의2] 불공정거래행위의 유형 및 기준 제10호 라목을 종합하면, '부당한 지원행위'가 성립하기 위해서는 우선, 지원주체가 다른 사업자와 직접 상품·용역을 거래하면 상당히 유리함에도 불구하고 거래상 실질적인 역할이 없는 특수관계인이나 다른 회사를 매개로 거래하여야 한다(지원행위). 구체적으로는 ▲ 다른 사업자와 직접 상품·용역을 거래하면 상당히 유리함에도 불구하고 거래상 역할이 없거나 미미한 특수관계인이나 다른 회사를 거래단계에 추가하거나 거쳐서 하는 행위, ▲ 다른 사업자와 직접 상품·용역을 거래하면 상당히 유리함에도 불구하고 특수관계인이나 다른 회사를 거래단계에 추가하거나 거쳐서 거래하면서 그 특수관계인이나 다른 회사에 거래상 역할에 비하여 과도한 대가를 지급하는 행위이다.

다음으로, 지원주체의 지원행위로 말미암아 지원객체가 직접 또는 간접적으로 속한 시장에서 공정한 거래를 저해할 우려가 있어야 한다(부당성). 이때 부당성 유무는 오로지 공정한 거래질서라는 관점에서 평가되며, 공익적 목적·소비자 이익·사업경영상 또는 거래상의 필요성 내지 합리성 등도 공정한 거래질서와는 관계없는 것이 아닌 이상 부당성을 갖는지 유무를 판단함에 있어 고려되어야 하는 요인의 하나라고 할 것이나, 단순한 사업경영상의 필요 또는 거래상의 합리성 내지 필요성만으로는 부당지원행위의 성립요건으로서의 부당성 및 공정거래저해성이 부정되지 않는다.

중간에 실질적인 역할 없는 계열회사 끼우는 방식으로 거래한 것은 정상적인 경영판단의 결과라고 볼 수 없어

이러한 부당지원행위 성립요건에 따라 위 사례를 보면, 우선 공정위는 B사의 간접구매 방식이 당해 업계의 통상적인 거래관행과 완전히 배치된다고 보았다. 통상적인 거래관행은 수요업체가 제조사로부터 ATM기를 직접 구매하여 불필요한 유통비용을 절감하는 것이고, ATM기는 설치 후에 유지보수가 필수적인데 유지보수는 중간 유통업자가 할 수 없을 뿐만 아니라 별도의 유지보수 업체도 없어 통상 제조사가 유지보수를 직접 수행하기 때문이다. 실제로 B사는 본 건 이외에는 모두 제조사로부터 직접 금융자동화기기를 구매해 오기도 했다.

다음으로, 공정위는 이러한 중간거래를 통해 어떠한 경제적 효율도 발생하지 않는다고 보았다. 결국 D사는 아무런 실질적 역할 없이 형식적 역할만을 수행하면서 중간마진을 챙겼을 뿐이며, 이러한 중간마진만큼 B사는 손해를 보았다고 판단하였다.

마지막으로, 공정위는 본 건 지원으로 D사의 재무구조가 적자에서 흑자로 전환되는 등 현저히 개선되었다고 보았다. B사가 D사에 본 건으로 지원해 준 금액은 D사의 3년간 당기순이익의 약 85%에 이르는 규모였다.

서울고법 역시 ▲ D사는 가스보일러 및 자동판매기 제조·판매업 등을 주요 목적으로 하는 회사로서, ATM기 등 금융자동화기기 제조 경험이 전혀 없었던 점 ▲ B사가 ATM기를 제조사인 C사로부터 직접 구매하지 않고 이와 무관한 D사를 통해 구매하기로 한 것은 관련 업계의 보편적인 거래 관행과 과거 구매형태에 부합하지 않아 매우 이례적인 점 ▲ D사를 거쳐 ATM기를 구입하기로 결정할 무렵 D사는 심각한 재정난을 겪고 있었던 점 ▲ ATM기 개발과 관련한 D사의 역할이 미미했던 점 등을 근거로 정상적인 경영판단의 결과가 아니라고 판단하였다.

공정거래법상 부당지원행위와 형법상 배임은 별도로 평가 …
합리적인 경영판단의 범위 내라면 배임 고의 인정 어려워

본 사례는 대기업집단이 별다른 역할 없는 계열회사를 중간에 끼워 넣어 일종의 '통행세'를 챙기게 해 주는 방식으로 부당지원한 행위를 적발하여 공정위가 제재한 첫 사례이다. 즉, 단순한 거래단계만 추가하여 계열회사에 이익을 몰아주는 부당내부거래에 제동을 건 것으로, 당시에는 지원주체인 B사만 제재를 받았지만, 이후 법 개정으로 지원객체도 제재를 받게 되었다는 점에 유의할 필요가 있다.

한편, 이처럼 지원행위를 한 경우 통상적으로 지원주체가 재산상 손해를 입었다는 이유로 형법상 배임죄 여부가 문제된다. 실제로 위 사례에서도 A그룹 경영진에 대한 배임죄 여부가 문제되었으나 법원은 결과적으로 공정거래법상 부당지원행위로 평가될 수 있거나 해당 법령에 의한 제재가 필요한 면이 있다고 하더라도 배임죄 성립여부는 별도로 평가할 필요가 있다면서,

ATM사업에 D사를 참여시킨 것을 B사에 대한 배임행위로 보기 어렵고, 배임의 고의가 있었다는 점이 입증되지도 않았다며 무죄를 선고했다. 즉, 계열회사에 대한 지원행위가 합리적인 경영판단의 범위 내에서 이루어졌다면, 업무상 배임의 고의를 인정하기 어렵다는 취지이다.

참고로, 지원행위가 있다고 하더라도 배임죄에 성립하는지 여부는, ▲ 지원을 주고받는 계열회사들이 자본·영업 등 실체적인 측면에서 결합하여 공동이익과 시너지 효과를 추구하는 관계에 있는지 여부 ▲ 해당 지원행위가 기업집단에 속한 계열회사들의 공동이익을 도모하기 위한 것으로서 특정인 또는 특정 회사만의 이익을 위한 것인지 여부 ▲ 지원 계열회사의 선정 및 지원 규모 등이 당해 계열회사의 의사나 지원 능력 등을 충분히 고려하여 객관적이고 합리적으로 결정된 것인지 여부 ▲ 구체적인 지원행위가 정상적이고 합법적인 방법으로 시행된 것인지 여부 ▲ 지원을 하는 계열회사에 지원행위로 인한 부담이나 위험에 상응하는 적절한 보상을 객관적으로 기대할 수 있는 상황이었는지 여부 등을 충분히 고려하여 판단되어야 할 것이다.

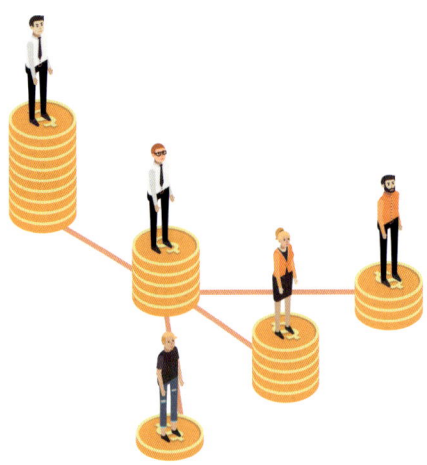

18

공정위로부터 부과받은 과징금, 할부로 낼 수 있을까

A사는 공정거래법을 위반하였다는 이유로 공정위로부터 조사를 받았고, 그 결과 수십억 원의 과징금을 부과받았다. 하지만 영업이익이 수억 원에 불과한 A사는 수십억 원의 과징금을 일시에 납부할 만한 여력이 없을 뿐만 아니라 사업유지를 위해서는 현금 유동성 확보가 절실한 상황으로, 공정위가 부과한 과징금을 일시에 납부하는 경우 자금사정에 현저한 어려움이 예상되었다.

A사의 경우처럼 공정위로부터 부과받은 과징금을 일시에 납부하기 어려운 경우, 과징금을 분할 또는 연장하여 납부할 수 있을까.

공정위로부터 부과받은 과징금 …
원칙적으로 불복여부와 관계없이 납입고지서 받은 날로부터 60일 이내에 전액 납부

공정거래법상 공정위로부터 부과받은 과징금은 납입고지서를 받은 날로부터 60일 이내에 과징금 전액을 일시에 납부해야 한다. 만약 납부기한까지 과징금을 납부하지 않으면 납부기한 다음 날부터 실제 납부일까지의 기간에 대하여 연 7.5%의 가산금이 부과되며, 납부독촉 후 국세체납처분의 예에 따라 강제징수하게 된다.

또한 과징금 납부는 이의신청이나 행정소

송제기와는 관계없이 납부하여야 하며, 이 기간 중에도 가산금은 적용된다. 다만, 이의신청 또는 행정소송결과 감액 또는 부과처분취소결정이 있을 때에는 납부 과징금에 환급가산금을 합산하여 환급받게 된다.

다만, 과징금 대비 현금보유액 비율이 50% 미만인 경우 등
과징금 전액을 일시에 납부하기 어려운 경우 …
공정위에 2년을 초과하지 않는 범위 내에서 분할납부 신청 가능

하지만, 공정위는 과징금을 부과받은 자가 ▲ 직전 3개 사업연도 동안 연속하여 당기순손실이 발생한 경우 ▲ 자본총액 대비 2배를 초과하는 부채를 보유하고 있는 경우 ▲ 과징금 대비 현금 보유액(납기일로부터 2개월 이내 상환이 도래하는 차입금을 공제한 금액) 비율이 50% 미만인 경우에는 최대 6회, 최장 2년에 걸쳐 과징금을 분할납부할 수 있도록 허용하고 있다.

이러한 과징금 분할납부 신청을 하기 위해서는 ▲ 과징금액이 매출액의 100분의 1을 곱한 금액 또는 10억 원을 초과하는 경우로서(실체적 요건), ▲ 과징금납부를 통지받은 날로부터 30일 이내(절차적 요건)에 공정위에 신청해야 한다.

분할납부조차 어려운 경우에는 법원에 불복소송과 함께
과징금납부명령에 대한 집행정지신청 가능 …
다만, 실무상 집행정지신청이 받아들여지는 경우는 많지 않아

한편, 과징금을 분할납부조차 하기 어려운 경우에는 다른 방법이 없을까.

이러한 경우에는 서울고등법원에 행정소송을 제기하면서 과징금납부명령에 대한 집행정지신청을 할 수 있다. 과징금납부명령에 대한 집행정지결정이 있으면 과징금납부명령의 효력은 그대로 존속한 채 집행력만 박탈될 뿐이므로, 가산금의 발생에는 영향을 주지 아니하고 단지 후속 강제징수절차의 개시 내지 진행만이 금지된다. 따라서 행정소송결과가 나올 때까지 과징금을 전혀 납부하지 않아도 되지만, 만약 행정소송에서 패소한 경우 과징금은 물론 그 기간까지의 가산금도 납부하여야 한다.

이러한 과징금납부명령에 대한 집행정지는 과징금납부명령이 당해 사업자의 경영 전반이나 자금 사정에 미칠 부정적인 효과가 어느 정도인지를 개별적·구체적으로 살펴, 예외적으로 그 파급효과가 중대한 것으로 인정될 경우에 한하여 당해 사업자에게 사후의 금전배상만으로 수인하기 곤란한 '회복하기 어려운 손해'가 있는 것으로 인정되는 경우에 받아들여질 수 있다.

다만, 과징금납부명령으로 인한 손해는 통상의 경우에 사후적인 금전배상으로 그 전보가 가능한 경우가 많으므로, 그것이 '회복하기 어려운 손해'에 해당하기 위해서는 신청인 측에서 이를 구체적으로 입증·소명할 것이 필요하며, 실무상 집행정지신청이 받아들여지는 경우는 많지 않은 편이다.

결국 공정거래 관련 법령을 위반하지 않아 공정위로부터 과징금을 부과받지 않는 것이 최선이겠지만, 만약 과징금을 부과받고 이를 일시에 납부하기 어려운 상황에 처한다면, 공정위에 과징금을 분할 또는 연장납부 신청을 하거나 법원에 과징금납부명령 집행정지신청을 할 수 있다는 사실을 기억하고 이를 잘 활용할 필요가 있다.

19

담합 걸려 입찰 막혔을 때,
회사를 쪼갠다면?

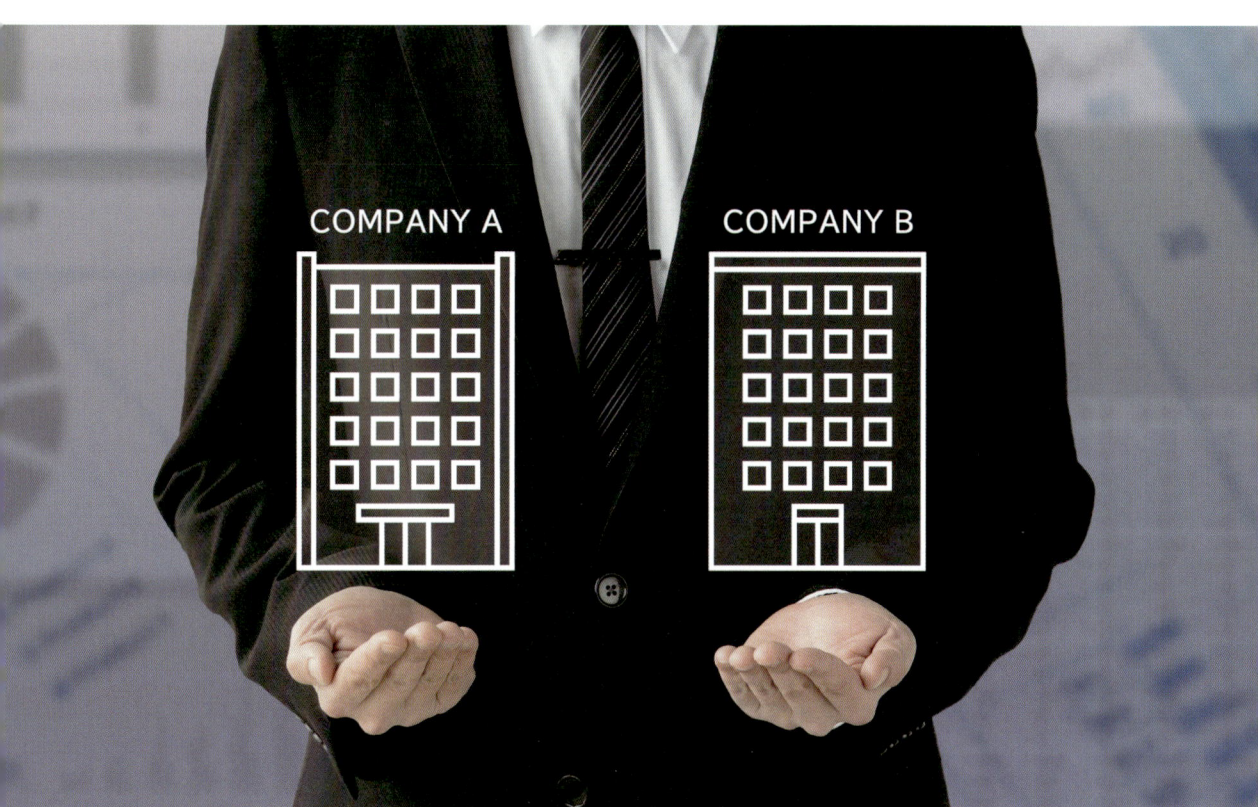

A사는 입찰담합을 했다는 이유로 공정위로부터 제재를 받은 후 발주자로부터도 부정당업자 제재처분(6개월)을 받았다. A사는 6개월간 공공입찰에 참여하지 못하게 되자, A사의 공공입찰 사업부문을 분할하여 B사를 설립하였다. 그 후 B사는 조달청이 발주하는 공공입찰에서 낙찰받아 계약체결을 눈앞에 두고 있었다. 그런데, 갑자기 조달청이 B사에게 낙찰을 무효처리하겠다고 통지했다. B사가 분할되기 전 A사에 대해 이미 입찰참가자격 제한처분이 내려졌고, 그 처분의 효력이 분할신설된 B사에게도 미친다는 이유였다. B사는 조달청에게 자신이 낙찰자이므로 계약체결을 진행해달라고 요구할 수 있을까.

1심(서울중앙지법 2017가합562078 판결)은 부정당업자 제재처분의 경우 설비·인허가 등 사업자산에 대해 내려지는 대물적 처분이 아니라 공법상 의무를 위반한 당사자에게 일신전속적으로 부과되는 대인적 처분으로서, 그 효과가 분할신설회사인 B사에게는 승계되지 않는다고 판단하였다.

즉, 1심은 입찰참가자격 제한처분의 법적 성격을 '대인적 처분'으로 규명하면서 그 근거로서, ▲ 처분의 원인이 되는 담합행위는 입찰사업을 수행하는 물적 설비와는 직접적인 관련 없이 이루어지는 사업자의 개인적인 행위인 점 ▲ 입찰참가자격을 제한하는 것은 사업자의 지위에 대한 대인적인 제재일 뿐이고, 이로 인해 설비를 사용할 수 없게 되거나 관련 인·허가가 취소되는 등 대물적인 제재가 이루어지는 것도 아닌 점 등을 제시하였다.

하지만 2심(서울고법 2018나2010683 판결)은 다음과 같은 이유로 제재처분의 효과는 B사에게 승계된다고 보아야 하고, 따라서 조달청이 B사에 대하여 입찰을 무효처리한 것은 정당하다고 판단하였다.

▲ 분할계획서에 따르면 A사의 사업 부문 중 일부를 제외한 나머지 전 사업 부문이 B사로 승계되었고, 그에 따라 A사에 귀속되었던 권리 및 의무(공법상의 권리 및 의무 포함) 중 일부를 제외한 모든 것은 성질상 허용되지 않는 것이 아닌 한 B사에 귀속되었는데, A사가 제재처분을 받은 것과 관련된 부문은 B사로 승계되었다. ▲ 입찰참가자격 제한처분이 성질상 이전을 허용하지 않는 일신전속적인 것이라고 볼 수 없다. ▲ 만약 분할 전 회사의 법 위반행위가 분할신설회사에 승계되지 않는다고 한다면, 법 위반행위를 한 회사가 법인분할을 통하여 제재처분을 무력화할 여지가 있어 입찰참가자격 제한 제도의 실효성을 확보할 수 없다. ▲ A사가 분할되기 이전에 담합행위가 이루어졌고 그에 대하여 6개월간의 입찰참가자격을 제한하는 처분도 분할 이전에 내려져 그에 따른 공법상의 의무가 이미 발생한 상태로서, 이 사건 처분이 대인적 성질을 가진다는 이유만으로 B사에게 승계가 되지 않는다고 볼 수 없다. 그리고 3심(대법원 2018다244389 판결) 역시 별다른 이유 설시 없이 서울고법의 판단이 정당하다고 보았다.

그동안 부정당업자 제재처분 '사유'의 승계를 부정한 판례(대법원 2006두18928 판결, 대법원 2011두7342 판결)는 있었으나, 이미 내려진 처분의 '효과'의 승계에 관한 대법원 판례는 이번이 처음이다. 참고로, 1심에서 부정당업자 제재처분이 '대인적 처분'에 해당한다고 판단한 것과 달리, 서울고법은 부정당업자 제재처분의 법적 성질에 대해서는 판단을 하지 않았다. 그렇지만 서울고법은 부정당업자 제재처분의 '효과'가 해당 사업부문과 함께 양수인에게 이전될 수 있다는 취지로 판시함으로써, 부정당업자 제재처분의 법적 성격을 강학상 '대물적 처분'으로 취급하는 전제에 서 있는 것으로 보인다.

그러나 부정당업자 제재처분은 특정한 물적 요소에 관하여 부과되는 처분이 아니라 당해 회사의 인적 자격에 대해 부과되는 '대인적 처분'이므로, 당해 회사의 법인격이 포괄승계(예: 합병) 되지 않는 한 특정 물적 요소만을 양수한 자(예: 분할신설회사)에게 처분의 효과가 미치지 않는 것이 원칙이다. 예외적으로 분할신설회사에게 제재처분의 효과가 미치기 위해서는, 예를 들어 공정거래법 제55조의5 제1항에서 "과징금을 부과받은 회사가 분할되는 경우 분할로 인하여 설립되는 회사도 연대하여 납부할 책임을 진다."고 정한 것처럼 별도의 법률상 근거규정이 반드시 요구된다는 것이 행정법의 일반원리이다. 그러나 부정당업자 제재처분의 근거법률인 국가계약법, 지방계약법 등에는 처분효과의 승계 근거조항이 입법되어 있지 않다.

무엇보다도 부정당업자 제재처분이 대물적 처분이라는 서울고법의 논리에 따라 처분의 효과가 해당 물적 요소와 함께 이전된다고 보게 되면, 해당 영업을 더 이상 영위하지 않게 된 A사(당초의 처분 상대방)는 처분의 효과에서 벗어날 수 있어야 한다. 그러한 법적효과가 인정되지 않는다는 것이야말로 부정당업자 제재처분이 대물적 처분이 결코 아니라는 점을 명확하게 드러내는 것으로 보인다. 이미 대법원의 판결까지 나온 마당에 이러한 의견을 제기하는 것이 조심스럽기는 하지만, 이렇듯 대인적 처분에 속하는 부정당업자 제재처분 효과의 승계는 해석론만으로는 인정될 수 없다고 보는 것이 타당해 보인다.

20

담합기간 중
회생절차개시결정을 받은 경우
과징금은 면책될까

◗ 레미콘 사업자 A는 2010. 1. 1.부터 2019. 12. 31.까지 10년간 다른 레미콘 사업자들과 함께 가격담합을 하였다. 다만 A는 담합기간 중인 2013. 1. 1. 법원으로부터 회생절차개시결정을 받았고, 2015. 12. 31. 회생절차 종결결정을 받았다.

위와 같은 경우 A의 가격담합기간 중 A에 대한 회생절차개시결정 전까지 부분에 대해 공정거래위원회는 과징금을 부과할 수 있을까.

결론부터 말하면, 공정거래위원회는 A의 가격담합기간 중 담합을 시작한 2010. 1. 1.부터 법원으로부터 회생절차개시결정을 받은 2013. 1. 1.까지의 담합행위에 관하여 회생채권 신고기간 내에 신고하지 않았다면 면책의 효력이 생겨 과징금을 부과할 수 없다.

구체적으로 살펴보면, A에 대한 회생절차개시 전에 과징금 부과의 대상인 가격담합행위 자체가 성립하고 있으면, 그 부과처분이 회생절차개시 후에 있는 경우라도 그 과징금 청구권은 회생채권이 된다(대법원 2016. 1. 28. 선고

2015두54193 판결 등). 한편, 공정거래법 제19조 제1항 제1호의 담합행위는 가격 결정 등에 대한 A와 다른 레미콘 사업자들의 합의가 존재하기만 하면 성립한다. 나아가 다수 이해관계인의 법률관계를 조절하는 회생절차의 특성상 회생채권은 공익채권들과는 객관적이고 명확한 기준에 의하여 구분되어야 한다.

따라서 A의 회생절차개시 전후로 A와 다른 레미콘 사업자들이 수회에 걸쳐 가격 결정 등의 합의를 하였다면, 설령 회생절차가 개시된 A 외의 다른 레미콘 사업자들에 대하여는 그 수회의 합의를 전체적으로 1개의 담합행위로 보더라도, 회생절차가 개시된 A가 회생절차개시 이전에 한 합의에 대한 과징금 청구권은 회생채권이 된다(대법원 2018. 6. 15. 선고 2016두65688 판결).

즉, 채무자회생법 제118조 제1호는 "채무자에 대하여 회생절차개시 전의 원인으로 생긴 재산상의 청구권"을 회생채권으로 규정하고 있는바, 법률이 '채권의 변제기'가 아닌 '발생원인' 성립 시를 기준으로 회생절차개시 전후를 판단하도록 규정하고 있는 이상, 그 '발생 원인' 성립 시란 그 행위가 있었던 객관적 일시가 될 수 있을 뿐이라고 볼 수 있다.

또한 하나의 담합행위란 공정거래법상 제재의 영역에서 일종의 죄수 판단의 결과, 즉 법리적 판단의 결과인 뿐으로, 하나의 담합행위로 판단될 경우, 당해 담합행위 종기에 처분시효가 기산하고, 담합 중간에 법령이 개정된 경우 그 종기에 시행 중인 법령이 적용되는 등의 법률효과가 발생한다고 볼 수 있지만, 실제로 2010. 1. 1.부터 2013. 1. 1.까지 있었던 담합행위는 당연히 그 각각의 실제 행위일에 성립되는 것이지, 그 성립일이 하나의 담합행위의 종기인 2019. 12. 31.로 미루어진다고 볼 근거가 없으며, 이는 채무자회생법 제118조 제1호 문언에도 벗어나는 해석이라고 볼 수 있다.

참고로, A의 2010. 1. 1.부터 2013. 1. 1.까지의 담합행위로 인해 레미콘 판매가격이 정상가격 대비 상승했다고 가정하면, 그 당시 레미콘 구매자들이 A에 대해 민사상 손해배상청구를 할 수 있을 것이며, 그 발생시점은 '손해가 현실적으로 발생한 시점'이며 그 날로부터 변제기가 도래하는바, 결국 민사상 손해배상청구권은 채무자회생법 제118조 제1호 소정의 회생절차개시 전의 원인으로 생긴 재산상의 청구권에 해당하고, 이는 회생채권 신고기간 내 신고되지 않으며 채무자회생법 제251조 본문에 의해 실권되므로, 만약 담합행위로 인한 과징금 청구권만 면책되지 않는다면 불균형이 발생할 수 있다.

결국, 공정위는 A의 2010. 1. 1.부터 2013. 1. 1.(회생절차개시결정일)까지의 담합행위에 관하여는 회생채권 신고기간 내에 신고하지 않았다면 채무자회생법 제251조 본문에 따라 면책의 효력이 생겨 A에 대하여 해당 기간 동안의 관련 매출액에 대한 과징금을 부과할 수 없다고 볼 수 있다.

21

'돌다리도 두들겨보고 건너자', 공정거래 신호등 제도란?

'신호등'은 통상적으로 안전한 교통질서를 위하여 색으로 교통조건을 나타내는 기구를 말한다. 다만 이러한 신호등은 안전한 교통질서를 위해서만 있는 것은 아니다. 최근 주유소협회가 정유사의 일반주유소와 알뜰주유소 간 차별적 공급행위에 대하여 공정거래위원회에 '공정거래 신호등제도', 즉 '사전심사 청구제도'를 활용할 것으로 알려졌다. 물론 주유소협회의 사전심사 청구가 사전심사의 대상행위인지 여부는 별론으로 하더라도, 공정거래 신호등 제도가 무엇인지에 대해서는 이번 기회에 알아두면 좋겠다는 생각이 든다.

사전심사 청구제도는 사업자나 사업자단체가 특정 사업활동을 개시하기 전에 공정거래 관련 법률에 저촉되는지 여부를 미리 공정거래위원회로부터 의견을 구하는 일종의 사전상담 성격으로 미국과 일본, 프랑스, 캐나다, 멕시코 등에서 시행되고 있다. 2001년 도입 시도 당시 공정거래 신호등제도라 불렸으나, 2004년 12월부터 '독점규제 및 공정거래에 관한 법률 등의 위반 여부 사전심사 청구에 관한 운영지침'이 마련된 후 본격적으로 도입·운영되고 있다.

이 제도는 사업자 또는 사업자단체가 어떤 사업활동에 들어가기 전에 그 활동이 관련 공정거래법 등에 위반되는지 여부를 공정거래위원회에 사전심사를 청구함으로써 법 운용의 투명성과 사업자 등의 준법의식을 높이고 위반행위 사후시정으로 인해 발생할 수 있는 불이익을 사전에 예방하는데 그 목적이 있다.

심사결과는 공정거래위원회 홈페이지 등에 공개하여 모든 사업자가 참조하는 기업활동 가이드로 제공되고, 이러한 심사결과는 공정거래위원회의 공식입장으로, 적법하다고 인정한 행위에 대해서는 사후에 법적 조치를 취하지 않는다는 점에서 사후 기속력이 없는 기존의 일반 상담(공정거래법 등에 대한 설명이나 해석, 법 적용에 관한 사적의견 제시 등)과는 다르다.

사전심사의 대상행위는 공정거래법, 가맹사업법, 표시광고법, 하도급법, 전자상거래법, 방문판매법의 적용대상이 되는 행위로서, 청구인이 앞으로 실시하기로 계획하고 있는 구체적, 개별적 행위로, 추진계획이 불명확한 행위, 이미 시행되고 있는 행위 및 위원회의 조사 또는 심결이 진행 중인 행위는 대상행위에 해당되지 않는다. 또한, 공정거래법 제7조에 규정된 기업결합에 관한 행위는 사전심사의 대상행위에서 제외되고, 다른 정부기관의 승인이 필요한 행위인 경우에는 사전심사 없이는 승인이 불가능하거나 해당 승인기관이 문서로 요청한 경우에 한하여 승인 전에 사전심사를 청구할 수 있다. 실제로 지난 2015년 2월에도 주유소협회가 석유공사의 알뜰주유소 운영이 공정거래법에 위반되는지 여부에 대해 공정거래위원회에 사전심사를 청구했고, 당시 공정거래위원회는 알뜰주유소 지원 등의 관련 사항은 산업통상자원부에서 관련 정부 부처와 업무 협의를 거쳐 시행하고 있어 공정거래법 적용대상이 되지 않는다고 판단한 바 있다.

사업자 등이 사전심사 청구에 관련된 서식과 자료를 첨부하여 공정거래위원회에 서면 또는 전자문서로 제출하면 공정거래위원회는 사업자 등이 요청한 특정 사업활동의 법률 위반 여부를 검토하여 그 결과를 청구일로부터 30

일 이내(단, 필요한 경우 30일 범위 안에 회답기간 연장 가능)에 서면으로 통보하고, 사업자 등은 이에 따라 사업진행 여부를 판단하게 된다. 이러한 절차를 통해 공정거래법 등에 위반되지 않는다는 회답을 받은 사업자는 공정거래위원회로부터 사전심사 대상행위에 대해서는 사후에 법적 조치를 받지 않는다. 물론 청구인이 허위자료를 제출하거나 중요한 자료를 제출하지 아니한 사실이 사후에 발견되거나, 청구서에 기재된 내용과 다른 행위를 하는 경우, 청구서에 기재된 행위의 범위를 벗어난 경우에는 법적 조치를 받을 수 있다. 그리고 공정거래위원회는 청구인과 청구 및 회답 내용에 대해 기밀이 아닌 이상 그 내용은 공정거래위원회 홈페이지 등에 공개한다.

이렇듯 사전심사 청구제도는 사업자가 특정 사업 활동을 시작하기 전 공정거래 관련 법률에 저촉되는지 공정거래위원회에 확인하는 것으로, 자발적은 공정거래질서 형성 효과와 함께 특히 민간법률자문이 어려운 중소기업에 많은 도움이 될 수 있음에도 불구하고, 운영 실적이 매우 저조한 것으로 나타나고 있다. 공정거래 관련 법률 위반 사건 중 관련 법률을 잘 이해하지 못해서 의도치 않게 법을 위반한 경우가 적지 않는데, 사전심사 청구제도에 대한 적극적인 홍보를 통해 유명무실한 제도로 전락하지 않기를 바란다.

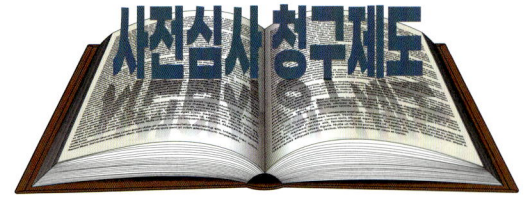

22

코로나19를 이유로
공정위 출석조사 거부할 수
있을까

❯ 공정위는 A사의 담합여부를 조사하는 과정에서 A사의 전(前) 직원인 B에 대해 참고인으로서 진술 청취가 필요했다. 왜냐하면 B는 A사의 담합기간 중 구매팀장으로 근무하면서, 담합 관련 모임에도 참석한 것으로 파악되었기 때문이었다. 이에 공정위 담당조사관은 3차례에 걸쳐 출석요구서를 발송하는 등 B에게 공정위 출석을 요구하였으나, B는 지병이 있고 고령으로서 코로나19 바이러스 고위험군에 해당할 뿐만 아니라, 생계활동을 이유로 출석을 거부하였다.

이와 같이 B가 코로나19와 생계활동을 이유로 공정위 출석요구를 거부하는 것은 정당한 사유에 해당할까.

공정거래위원회는 공정거래법의 시행을 위하여 필요하다고 인정할 때에는 당사자, 이해관계인 또는 참고인의 출석 및 의견을 청취할 수 있고(공정거래법 제50조 제1항 제1호), 당사자 등을 출석하게 하여 의견을 듣고자 하는 경우에는 사건명, 상대방의 성명, 출석일시 및 장소 등의 사항을 기재한 출석요구서를 발부하여야 한다(공정거래법 시행령 제55조 제1항).

만약 회사 또는 회사의 임직원, 그 밖의 이해관계인이 위와 같은 공정위 출석조사에 정당한 사유없이 응하지 아니한 경우에는 200만 원(1차 위반 시)의 과태료를 부과할 수 있다(공정거래법 제69조의2 제1항, 같은 법 시행령 제65조 제1항 제3호 및 [별표 5] 과태료 부과기준).

우선, B는 공정위가 조사 중인 A사의 담합사건 관련하여 A사에서 담합기간 동안 구매팀장으로 근무하였을 뿐만 아니라 담합 관련 모임에도 참석한 정황이 있으므로, 공정거래법 제50조 제1항 제1호의 당사자 또는 참고인에 해당한다.

　다음으로, 공정위 담당조사관은 B의 의견청취를 위해 B에게 출석요구서를 발송하여 출석을 요구하였고, B가 건강상태와 생계활동을 이유로 출석에 응하지 않자, 출석요구서에 코로나19 바이러스 상황임을 고려하여 B의 주소지에서 가깝고 엄격한 방역 조치가 이루어지고 있는 장소를 출석장소로 지정하고 출석일시도 B의 편의를 고려하여 조정하겠다고 협의했으나, B는 공정위의 출석일시와 장소 변경에 대한 협의도 거절했다.

　결국 이와 같은 B의 공정위 출석요구 거부는 코로나19 바이러스 방역을 위한 자가 격리 대상자에 해당되지 않아 이동이 제한되지도 않고, 지병을 입증할 만한 근거자료도 미비할 뿐 아니라 출석장소 및 일정 변경을 위한 공정위의 협의요청에도 응하지 않은 점 등을 고려할 때, 출석거부에 정당한 사유가 있었다고 보기 어렵다.

　이와 같은 이유로 공정위는 위와 같은 사안에서 B에 대해 공정거래법 제50조 제1항 제1호의 규정에 위반하여 정당한 사유 없이 출석을 하지 아니한 자에 해당한다고 판단하고 과태료 200만 원을 부과했다.

　최근 공정위는 담합에 대한 엄중하게 대응하는 것은 물론 특히 공정위 조사의 실효성 확보를 위해 조사방해나 거부행위에 대해 무관용 원칙으로 강력하게 제재한다고 하니, 이러한 내용을 숙지하고 주의할 필요가 있다.

23

레디백 받으려고
하루에 커피 17잔 마셨는데,
벌써 품절?

영화관 팝콘 비싸도 되는 이유

◐ 커피판매업자인 A는 음료 17잔을 구매하면 여행용 가방(레디백) 또는 캠핑의자를 증정하는 이벤트를 실시했다. 하지만 특히 레디백은 품귀현상이 일어났고 A는 음료 구매 미션을 채우고도 사은품을 받지 못한 고객들을 위해 무료음료를 증정했지만 이마저도 직접 매장을 방문해서 쿠폰으로 사용할 수 있도록 했다.

이러한 A의 이벤트 실시는 법적으로 문제 삼을 수 있을까.

우선, A가 이벤트 사은품으로 내세운 레디백 또는 캠핑의자가 정상적인 거래관행에 비추어 지나치게 고가인 경우에는 공정거래법에서 금지하는 부당한 이익에 의한 고객유인행위에 해당할 수 있다. 다만 플라스틱으로 만들어진 조그마한 레디백 자체를 고가의 물품이라고 보기에는 어렵기 때문에 부당한 이익에 의한 고객유인행위에 해당한다고 보기는 어려워 보인다.

다음으로, A가 자신이 판매하는 커피를 많이 구매하도록 유인하기 위해 고객들에게 기만 또는 위계의 방법을 사용한 경우에는 공정거래법에서 금지하는 위계에 의한 고객유인행위에 해당할 수 있다. 예를 들어, 할인판매를 한다고 선전하면서 예상 수요를 충족시키기에 현저히 부족한 수량만을 할인판매 대상으로 하여 고객을 유인하는 행위, 즉 미끼 상품은 전형적인 공정거래법 위반에 해당될 수 있는 행위이다. 다만 A가 이벤트 사은품과 관련하여 한정 수량임을 미리 명시했고, 대체 사은품으로 증정이 가능하다고 공지한 경우라면 고객들을 기만 또는 위계에 의해 유인했다고 보기는 어려워 보인다. 참고로 위계에 의한 고객유인행위는 표시나 광고 이외의 방법으로 고객을 오인시키거나 오인시킬 우려가 있는 행위에 적용되는 것으로 만약 A가 이벤트를 표시나 광고의 방법으로 실시했다면 위계에 의한 고객유인행위를 적용할 수 없다.

한편, A가 이벤트를 표시나 광고의 방법으로 실시하면서 이벤트 물량을 제대로 공개하지 않아 불필요하게 많은 고객들이 커피를 구매한 경우에는 표시광고법에서 금지하는 부당한 표시광고행위에 해당할 수 있다. 예를 들어, "선착순 100명에 한함" 또는 "O월 O일부터 X월 X일까지" 등 사은품제공 수량 또는 기간에 관한 구체적 제한내용을 명시하지 아니한 채, 특정 상품을 사은품으로 제공한다고 표시 또는 광고하였는데도 불구하고 실제 매장에서는 정당한 이유 없이 사은품제공을 거절하는 경우는 표시광고법에서 금지하는 부당한 표시광고에 해당한다. 즉 사업자가 사은품을 제공한다는 사실을 표시 또는 광고함에 있어서는 사실대로 명확하게 표시 또는 광고하여야 한다. 따라서 제공되는 사은품의 내용, 제공기간 등에 대하여 사실과 다르게 또는 모호하게 표시 또는 광고하여 소비자를 오인시킬 우려가 있는 표시 또는 광고행위는 부당한 표시광고가 된다. 이와 관련하여 A는 단순히 기간이나 수량에 대해 밝히지 않은 채 '선착순'이라는 표현만을 사용했거나 실제로 준비한 사은품 수량이 지나치게 적다거나 고의적으로 수량을 조절한 정황이 있다면 부당한 표시광고에 해당할 여지는 있다.

언제부터인가 색다르고 재미있는 컨셉의 굿즈가 유행이다. 아무나 쉽게 가질 수 없는 '한정판'이기 때문에 더욱 화제가 되고 있으며, 이를 소유하기 위해 눈물겨운 노력부터 황당한 해프닝까지 생기고 있다. 그런데 이러한 굿즈가 높은 화제성을 가지면서 이를 이용한 마케팅이 성행하고 있으며 고객들이 수량에 대한 정보 없이 괜한 소비욕구만 자극할 수 있는 문제가 발생할 수 있다. 물론 기업이 이런 마케팅을 하는 것을 막을 수는 없지만 이러한 마케팅이 반복될수록 결국 작은 이익을 쫓다가 오히려 큰 것을 잃을 수 있다는 점을 기업은 한번 쯤 생각해 보았으면 한다.

24

신고하면 최대 30억 원, 로또 뺨치는 신고포상금

신고포상금 5억 원. 세월호 참사 당시 유병언 전 세모그룹 회장 검거를 위해 검찰이 내건 신고포상금이다. 신고포상금은 형사범처럼 용의자 공개수배에만 있는 것은 아니다. 최근 공정거래위원회는 제강사 고철 담합 건 신고자에게 17억 5,597만 원을 신고포상금으로 지급했다. 이는 신고포상금 제도가 도입된 2005년 이후 지급된 신고포상금 중 최대금액이다. 로또 1등 당첨에 버금가는 거액의 신고포상금, 도대체 신고포상금 제도가 뭐길래 로또 뺨치는 신고포상금을 줄까.

신고포상금 제도는 일반 시민이나 내부고발자의 감시역량을 활용하여 은밀하고 교묘하게 이루어지거나, 증거확보가 쉽지 아니한 법 위반행위를 효과적으로 적발하고 시정하기 위해 공정거래법 등에 도입되었다.

이번 제강사 고철 담합 건을 포함해 지금까지 지급된 신고포상금 중 담합 행위 신고자에 대한 포상금 지급금액이 가장 많으며, 이는 담합 사건이 자진신고자 감면 제도와 함께 일반적으로 내부고발자들(Whistle-Blower)에 의한 제보 또는 신고를 단서로 조사가 개시되고 부과 과징금도 다른 사건에 비해 매우 크기 때문이다.

신고포상금 지급대상자는 공정거래법, 방문판매법, 대규모유통업법, 하도급법, 대리점법, 가맹사업법의 위법행위를 신고하거나 제보하고, 해당 신고 또는 제보의 입증에 필요한 증거자료를 제출한 자로, 만약 동일한 법 위반행위에 대하여 2명 이상의 신고 또는 제보가 있는 경우에는 해당 위법행위 입증에 필요한 증거자료를 최초로 제출한 자를 포상금 지급대상자로 한다.

신고포상금 지급기준은 위반행위의 유형에 따라 조치수준(경고, 시정명령, 과징금) 별 기본지급액에서 증거수준(최상, 상, 중, 하) 별 지급비율을 곱하여 산정한다. 만약 신고된 담합에 대해 과징금이 부과된 경우, 1차로 산정된 금액(예: △과징금 총액이 50억 원 이하인 경우 과징금액의 10%, △과징금 총액이 50억 원을 초과하고 200억 원 이하인 경우 해당 과징금액 중 50억 원에 대해서는 10%, 50억 원을 초과하는 과징금액의 5%에 해당하는 금액을 합한 금액, △과징금 총액이 200억 원을 초과하는 경우 해당 과징금액 중 50억 원에 대해서는 10%, 50억 원을 초과하고 200억 원 미만에 대해서는 5%, 200억 원 이상에 대해서는 2%에 해당하는 금액은 합한 금액)을 포상금 지급의 기본금액으로 하여 신고인이 제출한 정보나 증거의 수준을 감안한 기준(예: 제보된 증거 또는 정보가 "최상"으로 판정된 경우는 1차로 산정된 금액의 100%, "상"으로 판정된 경우는 80%, "중"으로 판정된 경우는 50%, "하"로 판정된 경우는 30%)에 따라 단계별 포상률을 반영한다. 참고로, 담합의 경우 포상금의 지급한도는 30억 원이고, 최저 지급기본액은 1,000만 원이다.

한편, 과징금이 부과되지 않은 법위반행위의 경우에는 제출된 제보 또는 증거와 관련된 법 위반 행위사실 1개당 300만 원(경고의 경우 100만 원)을 포상금 지급기본액으로 하여 단계별 포상률을 적용하여 결정한다.

동일한 법 위반행위에 대하여 복수의 신고자가 개별적으로 충분한 입증자료를 제출하지 못하였으나 복수의 신고자가 제출한 입증자료를 종합하면 해당 위법행위의 입증에 충분한 증거자료가 되는 경우에는 해당 신고 사건에 대한 포상금을 복수의 신고자들에 대하여 균등 비율로 분할하여 지급한다. 물론 위법 또는 부당한 방법으로 수집한 증거를 제출 또는 제보한 자에게는 신고포상금을 지급하지 않는다.

은밀하게 행해지는 공정거래법 위반행위, 특히 담합의 경우 그 특성상 내부자들의 고발이나 제보가 없이는 적발하기가 매우 어려운 면이 있다. 이에 리니언시 제도나 신고포상금 제도 등을 적절히 활용하면 공정거래법 위반행위를 효과적으로 적발, 시정할 수 있을 것으로 보이고, 이러한 제도가 활성화되기 위해서는 적극적인 홍보활동과 함께 내부고발자에 대한 신원도 철저히 보호하는데도 지속적인 노력이 필요해 보인다.

25

강제인 듯 강제 아닌 강제같은 공정위 현장조사

얼마 전 공정위는 애플코리아 및 소속 임원의 조사방해행위에 대해 과태료를 부과하고, 법인 및 임원을 검찰에 고발했다. 1차로 실시된 현장조사에서 애플이 인터넷 네트워크를 차단하여 현장조사 기간 동안 복구하지 않고, 네트워크 단절과 관련한 자료를 제출하지 아니하였을 뿐만 아니라(과태료 부과 대상), 2차로 실시된 현장조사에서는 애플 임원이 공정위 조사공무원의 팔을 잡아당기고 앞을 가로막는 등 조사 현장 진입을 저지·지연(형벌부과 대상)했다는 이유에서다.

위에서 말한 공정위의 현장조사는 '공정거래위원회는 필요하다고 인정할 때에는 그 소속공무원으로 하여금 사업자 또는 사업자단체의 사무소 또는 사업장에 출입하여 업무 및 경영상황, 장부, 서류 전산자료, 음성녹음자료, 화상자료 그 밖에 대통령령이 정하는 자료나 물건을 조사하게 할 수 있다.'는 공정거래법 제81조 제2항에 근거를 두고 있다.

그리고 △ 공정위 조사에 대하여 자료의 은닉, 폐기, 접근거부 또는 위조·변조 등을 통하여 조사를 거부·방해 또는 기피하는 경우에는 2년 이하의 징역 또는 1억 5천만 원 이하의 벌금에 처할 수 있고, △ 조사 시 폭언·폭행, 고의적인 현장진입 저지·지연 등을 통해 조사를 거부·방해 또는 기피하는 경우에는 3년 이하의 징역 또는 2억 원 이하의 벌금에 처하도록 하고 있다.

공정거래법상 규정된 공정위 조사는 임의적 행정조사(임의조사)이다. 즉 공정위 조사는 기업의 동의 또는 승낙 등 임의적인 협조를 전제로 하는 것이고, 피조사자인 기업이 공정위의 조사 또는 자료제출요구에 응하지 않을 경우에도 강제적으로 자료를 압수하거나 수색 또는 조사할 권한까지는 부여하고 있지 않다. 그럼에도 불구하고, 이러한 형사처벌조항으로 인해 공정위 조사는 사실상 검찰 수사와 같은 강제수사라는 인식이 퍼져 있다. 참고로, 경찰이나 검찰은 법원으로부터 영장을 받으면 수사에 협조하지 않거나 거부한다고 해서 물리적인 강제력을 행사하여 수사할 수 있다. 이를 강제수사라고 하며, 물론 강제수사 외에도 상대방의 동의나 협조를 얻어 수사할 수 있다.

흔히 공정위를 '경제검찰'이라고 부른다. 기업들의 불공정한 행위에 대한 감시와 제재를 전담하며 기업들에 과징금 부과와 형사고발까지 막강한 영향력을 미치기 때문이다. 이는 공정위가 검찰의 수사와 법원의 판결에 유사한 조사와 심결의 권한을 모두 가진 덕분이기도 하다. 이러한 상황에서 앞서 말한 형사처벌 조항의 존재 자체로도 기업들은 공포이자 위협으로 받아들일 수 있다.

이처럼 공정위 조사는 형식적으로는 강제수사는 아니지만, 조사받는 기업들이 받는 피해와 부담은 클 수밖에 없다. 따라서 공정위는 기업의 위법행위에 대해서는 엄정하게 조사하되, 불필요한 기업부담은 최소화하기 위해서 피조사업체의 권익보호, 조사절차 투명성 강화 등에 힘쓸 필요가 있다. 이를 통해 공정위의 위압적인 조사금지, 조사과정에서의 변호인 참여, 조사목적과 조사대상의 특정 등으로 인해 피조사업체의 권익이 보호됨에 따라 공정위가 현장조사를 하는 과정이 보다 더 투명해지고 불필요한 다툼이나 분쟁이 감소하기를 바란다.

26

전속고발권과 의무고발제도의 조화로운 운용 필요

공정거래법상의 형벌은 반드시 공정거래위원회의 고발이 있어야 가능하다. 이를 '전속고발권'이라고 한다. 따라서 공정거래위원회가 고발을 하지 않을 경우 검찰은 해당 행위에 대해 공정거래법 위반으로 공소를 제기할 수 없고, 공정거래위원회의 고발이 없는 상태에서 검찰이 공소를 제기할 경우 법원은 공소기각 판결을 하여야 한다.

이처럼 공정거래법에서 전속고발권을 둔 이유는 무엇일까. 공정거래법 위반 사건은 살인, 절도, 강도 등 행위 존재만으로도 범죄가 성립되는 일반 형사사건과는 구별되며, 법 위반 여부가 일반 형사사건과 달리 행위 자체에 의해 결정되는 것이 아니라 그 행위에 효과에 따라 달라진다. 즉 어떤 행위가 법조문에 규정된 행위유형에 해당된다고 해서 곧바로 위법이 아니라, 그 행위의 경쟁제한 폐해, 즉 효율성제고효과와 경쟁제한효과에 대한 경제분석을 거쳐 양자를 비교형량 해야만 법 위반 여부가 결정될 수 있다.

만약 전속고발제도가 없다면 공정거래법 위반행위가 바로 형사사건으로 처리되어 기업활동이 위축될 수밖에 없다. 따라서 어떤 행위가 과연 법 위반인지 여부를 일관성 있는 경제분석을 하고, 법 위반으로 판단될 경우에도 과징금납부명령 등의 행정조치로 충분한지, 아니면 형사제재까지도 필요한지 여부를 전문기관인 공정거래위원회가 일차적으로 판단하도록 전속고발권제도를 둔 것이다. 헌법재판소 역시 위와 같은 맥락에서 "공정거래법 위반행위에 대해 무분별한 형벌을 선택한다면 기업활동에 불안감을 느끼게 하여 기업활동이 위축될 우려가 있으므로 공정거래위원회가 시장분석을 통해 위반행위의 경중을 판단하고 행정조치만으로 타당한지 형벌까지도 적용해야 할지를 판단함이 타당"하다고 하면서 전속고발제도에 대해 합헌결정을 내렸다. 결국 경제활동과 관련된 공정거래법 위반에 대하여는 1차적으로 행정제재를 원칙으로 하고, 형사제재는 보충적인 수단으로 활동하도록 하고자 하는 취지라고 볼 수 있다.

여기서 드는 의문 중의 하나는 공정거래위원회에 전속고발권이 있으면 일반인들은 공정거래법 사건에 대해서는 수사기관에 고발을 못할까. 그렇지는 않다. 고발은 수사의 단서를 제공하는 것에 불과하기 때문에 누구나 고발을 할 수는 있고, 수사기관 역시 공정거래위원회의 고발과 관계없이 수사를 할 수는 있지만, 수사기관인 검찰이 공소를 제기하기 위해서는 반드시 공정거래위원회의 고발이 있어야 하는 것이다.

한편, 전속고발제도가 있다고 하더라도 공정거래위원회가 자의적으로 운영할 수 없으며, 견제장치가 마련되어 있다. 즉 공정거래법에서는 공정거래위원회의 고발권 행사의 자의성을 예방하기 위하여 의무고발제도를 규정하고 있다. 의무적 고발 대상이 되기 위해서는 행위가 객관적 명백성, 객관적 중대성 및 경쟁질서 저해의 현저성 요건을 모두 충족하여야 한다. 검찰총장, 감사원장, 중소벤처기업부장관, 조달청장으로부터 고발 요청을 받은 경우 공정거래위원회는 반드시 고발하여야 한다. 공정거래법상 검찰총장의 고발 요청권과 감사원장, 중소벤처기업부장관, 조달청장의 고발 요청권의 차이는 두 가지이다. 검찰총장은 공정거래위원회 처분 전이라고 고발을 요청할 수 있는 반면,

감사원장 등은 공정거래위원회 처분 후에만 고발을 요청할 수 있다. 그리고 검찰총장은 법 위반 정도가 객관적으로 명백하고 중대하여 경쟁질서를 현저히 저해한다고 인정될 경우에만 고발을 요청할 수 있는 반면, 감사원장 등은 공정거래위원회가 법 위반의 중대, 명백성 등이 인정되지 않는다고 보아 고발하지 않은 사건의 경우에도 사회적 파급효과, 국가재정에 끼친 영향, 중소기업에 미친 피해 정도 등 다른 사정을 이유로 고발 요청을 할 수 있다.

최근 기사에 따르면 중소벤처기업부의 의무고발요청이 급증했다고 한다. 위에서 말한 것처럼 공정거래법에서 전속고발권을 둔 취지와 함께 이를 견제하기 위한 고발요청제도의 조화로운 운용은 반드시 필요해 보인다. 다만 이러한 제도의 운용이 자칫 각 기관의 힘 겨루기로 인해 일관되지 않고 예측불가능한 기준에 따라 고발여부로 이어진다면 그로 인한 부담과 함께 경영위축은 고스란히 기업들의 몫일 수밖에 없다.

"원칙을 지키는 예측 가능한 사람이 믿을 수 있다."라는 어느 CF 문구처럼 전속고발권의 취지와 이를 견제하기 위한 의무고발요청제도가 원칙을 지키는 예측가능한 기준에 따라 운용될 때 이를 수범해야 하는 기업들도 믿고 따를 수 있지 않을까.

27

'심사관 전결 경고' 처분?
도대체 뭐지?

영국 원료를
중국 공장에서
제조한 기저귀

공정거래위원회는 얼마 전 마켓컬리가 수입 기저귀 브랜드를 판매하면서 '영국 원료를 사용해 중국 공장에서 제작한다'라고 광고한 행위를 표시광고법 위반에 해당한다고 판단하고 '심사관 전결 경고' 처분을 내렸다고 밝혔다.

여기서 '심사관 전결 경고' 처분이란 사건을 조사한 심사관 단계에서 경고 처분을 내리는 것으로, 공정거래위원회 회의 운영 및 사건절차 등에 관한 규칙('사건절차규칙') 제50조 제1항은 공정거래위원회의 전원회의 및 소회의가 △ 위반의 정도가 경미한 경우(제1호), △ 위반행위를 한 피심인이 사건의 심사과정에서 당해 위반행위를 스스로 시정하여 시정조치의 실익이 없다고 인정하는 경우(제2호), △ 위반행위를 한 피심인이 공정거래위원회의 시정조치 또는 금지명령에 응하지 않아 심사관이 심사절차를 개시하였으나 사건의 심사과정에서 시정조치 또는 금지명령을 이행한 경우(제3호)에 경고를 의결할 수 있다고 규정하고, 같은 조 제2항은 제1항을 적용함에 있어 별표의 기준 각목의 1에 해당하는 경우(예를 들어 계약당사자에 대한 피해구제적 성격이 강하다고 인정되는 경우, 스스로 시정하여 소비자 오인성을 치유하였다고 인정되는 경우 등)에는 경고로 의결할 수 있다고 규정하며, 제53조의2 제1항에서 '심사관은 제50조 제1항 제2호 및 제3호, 제2항에 해당한다고 인정되는 사건에 대하여는 전결할 수 있다'고 규정하고 있다.

이와 관련하여 심사관은 각 회의가 경고를 의결할 수 있는 위 3가지 경우 중 제2호와 제3호의 경우에만 전결할 수 있다고 해석해야 하는지 문제될 수 있다. 하지만 심사관 전결제도는 사건절차규칙이 2008. 5. 8. 공정거래위원회고시 제2008-4호로 일부개정되기 전에는 제51조의2에서 규정하고 있었는데, 위 개정 전에도 심사관은 제50조 제1항에 따라 위반의 정도가 경미한 경우(제1호), 시정조치의 실익이 없는 경우(제2호)에 전결로 경고를 할 수 있었던 점, 위 개정으로 심사관 전결제도의 근거규정인 제51조의2가 삭제되고 제53조의2가 신설되었는데 이처럼 근거규정의 위치가 변경된 이유는 제52조에서 정한 과태료납부명령, 제53조에서 정한 고발 결정도 심사관 전결대상에 포함시키기 위한 것으로 보이는 점, 개정 당시 위반의 정도가 경미한 경우(제1호)를 심사관 전결대상에 제외하였어야 할 특별한 사정이 보이지는 않는 점 등에 비추어 볼 때, 위반의 정도가 경미한 경우 중 제50조 제2항 및 별표에서 정한 기준에 해당하는 경우에는 심사관이 전결로 경고를 할 수 있다고 해석함이 타당하다.

한편, 전결제도는 행정기관 내부의 의사결정과정에서 일정한 경우 최종결재권자의 결재권한을 하위결재권자에게 위임하는 것일 뿐 그 하위결재권자에게 처분을 할 수 있는 권한을 창설하거나 부여하는 것이 아니므로 대외적으로 처분의 주체는 여전히 공정거래위원회이어야 한다. 따라서 심사관 전결 경고를 하는 경우에도 처분서에는 공정거래위원회 명의가 기재되어야 하고, 다만 그 처분을 통지하는 경우에는 처분서를 첨부한 소속 하위기관이나 심사관 등 담당자의 공문으로 하는 것도 가능하다.

또한 심사관 전결경고에 대한 불복방법으로서 사건절차규칙 제53조의2 제7항은 경고를 받은 자가 법 위반 여부 등에 관하여 심의를 요청하는 경우 심사관은 심사보고서를 작성하여 소회의에 상정하도록 하고 있고, 이 경우 소회의에 상정하여 심의절차 재개를 명한 사건의 처리절차에 따라 처리하여야 하며, 그 소회의의 심의절차는 심사관과 심판관리관의 분리 여부 등에서 이의재결절차와 차이가 있다.

앞서 공정거래위원회는 마켓컬리의 제품 판매기간이 그리 길지 않은 점,

환불조치를 완료한 점 등을 심사관 전결 경고처분의 사유로 설명했는데, 결국 해당 광고가 계약당사자에 대한 피해구제적 성격이 강할 뿐만 아니라 마켓컬리가 스스로 환불 또는 정정광고 등의 방법으로 시정하여 부당한 표시광고로 인한 소비자 오인성을 치유하였기 때문에 심사관 전결 경고처분이 내려진 것으로 보이며, 이번 기회를 통해 '심사관 전결 경고' 처분사유와 의미, 절차 등에 대해 조금이나마 이해할 수 있는 시간이 되었다면 좋겠다.

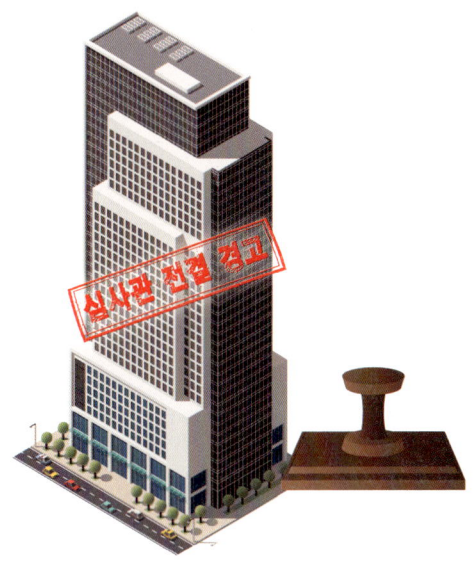

28

알아두면 도움되는 '형사 리니언시' 제도

최근 담합 사실을 자진 신고하고 수사에 협조한 기업이 검찰로부터 기소면제 혜택을 받았다. 형사 리니언시(Leniency) 신청자를 기소하지 않은 첫 사례이다.

흔히 리니언시라고 하면 공정거래법상 리니언시를 먼저 떠올린다. 공정거래법에서 금지하는 담합은 업체들 사이에 비밀스럽게 이루어지는 경우가 많아 적발이 어렵고 더욱이 요즘은 매우 지능적인 수법들이 동원되기 때문에 업계 내부의 누군가가 리니언시를 하지 않으면 혐의 입증이 매우 힘들다. 이러한 담합 적발을 더욱 용이하게 하기 위한 제도가 바로 자진신고자 감면제도 즉, 리니언시 제도이다. 담합을 한 사업자 입장에서는 일종의 내부자 배신을 유도하는 제도라고 할 수 있다. 그렇다면 형사 리니언시는 무엇이고 공정거래법상 리니언시와는 어떤 점이 다를까.

대검찰청은 2020. 12. 8. '카르텔사건 형벌감면 및 수사절차에 관한 지침'('형사 감면지침')을 제정하여 2020. 12. 10.부터 시행했다. 형사 감면지침의 시행으로 공정거래위원회의 고발 없이 수사가 진행된 경성담합행위에 대하여 1순위로 형벌감면 신청한 사업자 및 관련 임직원은 불기소함으로써 형사처벌을 면제하고, 2순위는 형벌을 50% 감경하여 구형하게 되었다. 그러나 법원은 검찰의 구형을 참고만 할 뿐 이에 기속되지 않으므로 법원 판결에서도 형이 50% 감면될 것이 보장되지 않는다는 점에서 공정거래법상 리니언시와 차이가 있다.

한편, 주목할 점은 공정거래법상 리니언시와 달리 사업자뿐만 아니라 개인도 리니언시를 이유로 한 형사면책을 받을 수 있도록 했다. 이를 위해 검찰에 대한 형벌감면 신청 시 신청서에 형벌 감면을 원하는 현직 임직원의 인적사항을 기재하도록 하여 소속 임직원에 대하여 형벌을 감면할 수 있는 명확한 근거를 두었다.

또한 형벌감면 신청자에 대해서는 압수·수색, 체포, 구속 등 강제수사를 원칙적으로 면제하되, 예외적으로 강제수사가 필요한 경우에는 대검찰청과 사전 협의절차를 거치도록 하고 있으며, 담합과 관련 없는 범죄에 대한 수사 목적의 별건 수사는 금지되고, 담합 수사과정에서 관련된 여죄 등 다른 범죄를 수사할 필요가 있을 경우에는 대검찰청과 사전 협의절차를 거치도록 하는 방법으로 엄격하게 통제하고 있어, 형벌감면 신청자에게는 형사절차상 의미있는 혜택을 부여하고 있다.

이렇듯 형사 리니언시는 공정거래법상 리니언시 제도가 아니라 형법상 자수자 감경제도와 공익신고자보호법상 공익신고자 감면제도 등을 그 법적 근거로 하고 있는 것으로 보인다. 또한, 형벌감면 신청순위도 대검찰청 반부패강력부에 접수된 시점을 기준으로 판단하기 때문에, 공정위 리니언시 순위와는 별도로 독자적인 형벌감면 순위가 정해져 공정위 리니언시를 한 경우에도 형사 절차에서는 그 지위를 인정받지 못하게 되는 상황이 발생할 가능성도 배제할 수 없어 보인다.

결국 공정위의 리니언시 제도와 전속고발제도에도 불구하고, 중기부·조달청·검찰총장·감사원장의 적극적인 고발요청권 행사와 형사 리니언시로 형사 리스크는 커지고 있는 상황이다. 이러한 상황에서 형사 리스크를 최소화하기 위해서는 공정거래법상 리니언시 제도와 함께 형사 리니언시 제도에 대해서도 잘 숙지하여, '승자 한 사람이 모든 것을 가진다'는 리니언시의 특성상 공정위에 리니언시를 하는 경우 형사 리니언시 역시 여러 리스크 등과 함께 종합적으로 검토하여 신속히 결정할 필요가 있다.

29

공정위 심판정에
반드시 직접 출석해야 할까

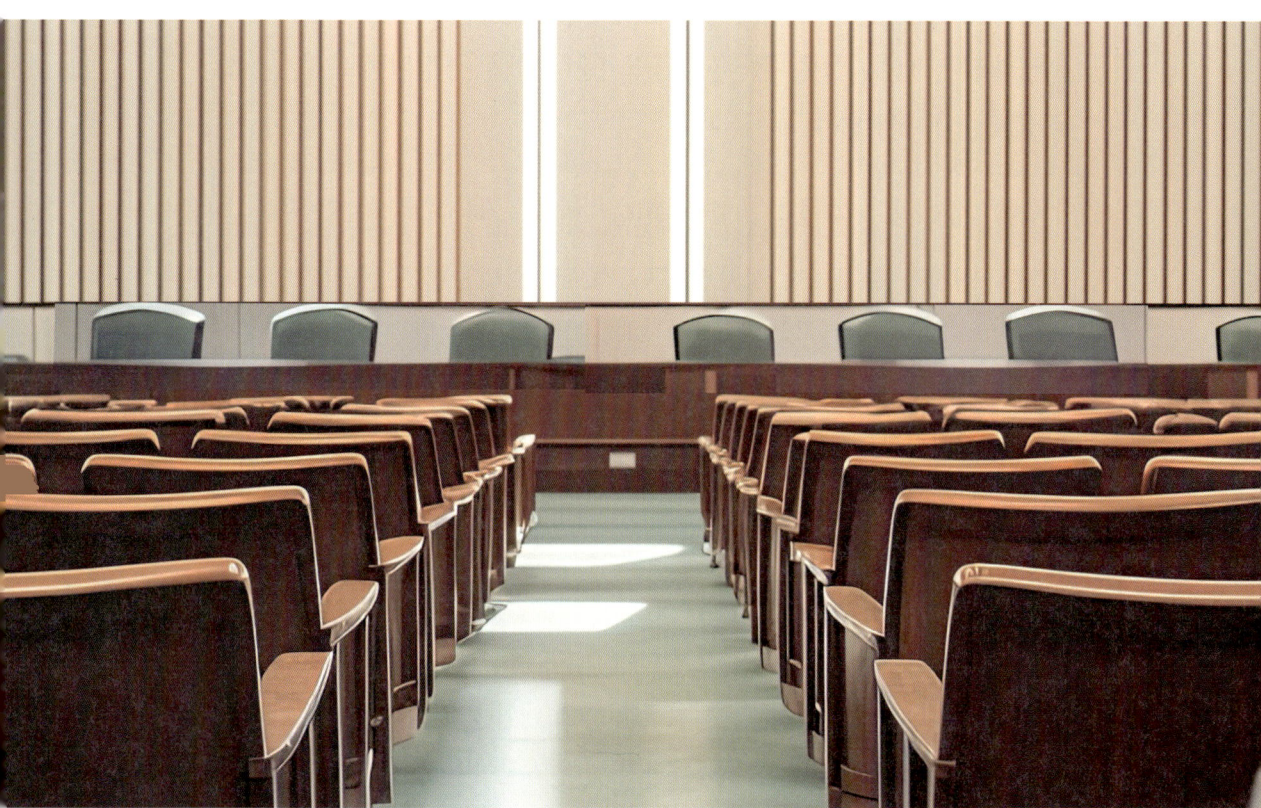

얼마 전 공정위는 기업집단 에스케이 소속 에스케이(주)가 특수관계인 최태원에 대하여 사업기회를 제공한 행위에 대해 시정명령 및 과징금 총 16억 원을 부과하기로 결정했다. 특히 이번 사건은 사업기회 제공행위와 사실상 동일한 행위를 규제하고 있는 상법상 회사기회 유용금지 규정이 도입된 지 10여 년이 지난 현재까지 해당 규정을 적용한 소송이 전무한 상황에서, 사업기회를 직접 제공하는 방식이 아니라 회사의 이익을 보호해야 할 작위의무가 있는 자가 사업기회를 포기하여 제공객체가 이를 이용토록 하는 소극적 방식의 사업기회 제공행위를 처음으로 제재하였다는 점에서 의미가 있다.

이러한 사건의 의미와 함께 이 사건이 세간의 관심을 끈 것은 바로 최태원 회장이 공정위 심판정에 직접 출석한 것이었다. 이처럼 자신의 혐의에 대해 소명하거나 제재수준에 대한 의견을 밝히기 위해서 공정위 심판정에 반드시 직접 출석을 해야 할까.

공정위 사건처리 절차는 공정거래법에 위반되는 사건의 처리를 위하여 행해지는 행정적·준사법적 절차로, 구체적으로 살펴보면 ① 사건인지, ② 조사, ③ 위원회 상정, ④ 위원회 심의·의결, ⑤ 의결서 송달, ⑥ 불복 등의 순으로 이루어진다. 특히 공정위 심의를 할 때 위원회는 피심인과 심사관을 심판정에 출석하도록 하여 대심구조 하에 사실관계 등을 확인한 후 위법여부, 조치내용 등에 대해 합의한다.

이러한 공정위 심의절차에는 형사재판과 달리 당사자가 반드시 출석할 의무는 없다. 통상적으로 피심인인 당사자가 직접 출석하기보다는 피심인의 대리인이 출석하여 혐의 여부와 제제수준 등에 대한 의견을 소명한다. 물론 피심인인 당사자가 직접 출석하여 자신의 혐의 인정여부 또는 제재수준에 대한 의견을 제시하는 경우도 있지만 특히 대기업 총수가 직접 출석하는 경우는 매우 드물고 이례적이다. 이런 이유로 최태원 회장의 이번 공정위 심판정 출석이 세간의 관심을 끈 것으로 보인다.

이와 달리, 담합에 가담한 임직원에게는 공정위 심의 때 공정위 심판정에 출석할 의무가 있다. 공정위의 '부당한 공동행위 자진신고자 등에 대한 시정조치 등 감면제도 운영고시'에서는 담합을 하여 감면신청한 사업자에게 소속 임직원의 심판정 출석 규정을 명시하고 있다. 즉 감면신청 사업자에게 소속 임직원의 심판정 출석 등 심의 과정에서의 협조 의무를 명시하여 위원회 위원들이 감면신청 및 담합 사실을 직접 확인이 가능하도록 하고 있고, 공정위는 임직원의 심판정 출석 등 여러 가지 성실 협조 의무를 종합적으로 판단하여 감면 혜택 부여 여부를 결정한다. 따라서 공정위 심판정에 출석하지 않는 경우 성실 협조의무를 다하지 못하였다고 보고 자신신고 감면 혜택을 부여하지 않을 수도 있으므로 사실상 심판정 출석의무가 강제된다고 볼 수 있다.

예전에 전직 대통령의 형사재판 불출석으로 인해 재판출석이 피고인의 권리인지 의무인지에 대해 논란이 된 적이 있다. 하지만 형사재판에서 피고인의 재판출석은 권리인 동시에 의무로 보는 것이 바람직해 보인다. 왜냐하면 재판에 출석해 자신을 방어하는 권리적 측면과 함께 검찰 수사결과 기소된 사람으로서 실체적 진실의 발견을 위해 재판을 받아야 하는 의무적 측면이 모두 담겨있다고 보이기 때문이다. 공정위 심의절차 역시 피심인이 자신을 방어하는 권리적 측면과 함께 심사관 조사결과 위원회에 상정된 당사자로서 실체적 진실 발견을 위해 심의를 받아야 하는 의무적 측면도 있다는 점에서 1심에 준하는 절차인 만큼 보다 적극적으로 출석하여 실질적인 심의가 이루어질 수 있기를 바란다.

30

'요소수 대란', 공정거래법상 이슈는?

'마스크 대란'에 이어 '요소수 대란'이 벌어졌다. 이에 정부는 요소수에 대한 폭리 목적의 매점 및 판매기피 행위를 방지하기 위해 '요소수 및 그 원료인 요소 매점매석행위 금지 등에 관한 고시'를 시행했다. 매점매석 행위를 한 자는 물가안정에 관한 법률 제26조에 따라 3년 이하의 징역 또는 1억 원 이하의 벌금에 처하도록 규정하고 있고, 특히 공정거래위원장은 얼마 전 국회 정무위원회 전체회의에서 요소수 매점매석을 엄중하게 보고 있다고 하면서 법 위반 사항이 밝혀지면 엄중제재 할 것으로 시사했다.

이처럼 중국의 요소수 수출 제한에 따른 요소수 수급 불안정으로 인해 발생할 수 있는 공정거래법상 이슈에는 어떤 것이 있을까. 우선, 공정거래법상 부당한 공동행위 즉 담합행위가 발생할 수 있다. 담합은 둘 이상의 사업자들이 공동으로 가격을 결정하거나 인상하는 것으로, 요소수 가격이 급등함에 따라 요소수 판매업체들이 서로 합의하여 가격을 높게 설정한 경우 공정거래법상 담합에 해당할 수 있다. 이러한 담합으로 인해 소비자들은 높은 가격으로 상품을 선택권 없이 구입할 수밖에 없는 피해를 입게 될 수 있다.

다음으로, 요소수 판매업체들이 요소수를 다른 상품과 연계해서 끼워파는 행위 즉 거래강제라는 불공정거래행위가 발생할 수 있다. 공정거래법에서는 자기가 공급하는 상품을 상대방이 구입하고자 하는 상품과 연계하여 상대방이 구입하고 싶지 않은 상품을 구입하도록 강제하는 행위를 금지하고 있다. 예를 들어, 인기 있는 상품을 판매하면서 인기 없는 것을 함께 구입하도록 하거나 신제품을 판매하면서 구제품이나 재고품을 함께 구입하도록 강제하는 행위가 있다. 실제로 지난 해 마스크 대란 때 한 대형마트에서 맥주를 판매하면서 마스크를 끼워파는 것이 논란이 되기도 했다. 이러한 끼워팔기 행위는 판매업체가 요소수 수급 불안정에 따른 지위를 이용하여 소비자에게 자율적

선택권을 제약하는 것으로 소비자는 그로 인해 피해를 입을 수밖에 없다.

마지막으로, 온라인으로 요소수 판매업체들이 공급 가능한 요소수 재고가 있음에도 소비자에게 거짓으로 품절되었다고 알리며 제품을 공급하지 않거나 계약을 취소하는 경우 전자상거래법 위반이 발생할 수 있다. 전자상거래법에서는 선지급식 통신판매(상품을 받기 전에 대금의 전부 또는 일부를 미리 받는 통신판매)에 해당하는 경우 사업자는 소비자가 대금을 지급한 날로부터 3일 내에 상품의 공급을 위하여 필요한 조치를 취하도록 규정하고 있다. 따라서 요소수 판매업체가 사실은 공급 가능한 요소수 재고가 있음에도 이를 공급하지 않는 행위는 전자상거래법에 위반될 수 있다. 실제로 마스크 대란 때 온라인 마스크 업체들이 마스크 재고가 있음에도 불구하고 이를 공급하지 않고 소비자에게는 품절되었다고 알린 후 높은 가격에 접수된 주문에만 마스크를 공급한 행위에 대해 공정거래위원회는 전자상거래법 위반으로 판단하고 시정명령과 과징금을 부과했다. 이처럼 요소수 재고가 있음에도 불구하고 가격 인상 등 부당한 이득을 취하기 위해 소비자의 주문을 취소하는 등 소비자를 기만하는 행위로 인해 소비자는 피해를 입을 수 있다.

허생전의 허생은 빌린 돈 1만 냥으로 매점매석을 이용해 떼돈을 벌었다. 하지만 허생은 단순한 돈벌이를 위해 사재기를 한 것은 아니었고, 허생이 매점한 것들은 갓의 재료인 말총과 제사상의 재료인 과일 등 양반들의 주요 물품이었기에 서민들의 생필품은 아니었다. 마스크 대란 때에도 마찬가지였지만 요소수 역시 서민들의 필수용품으로 공급가능한 수량을 철저히 파악하고 공급 가능성에 대한 정확한 정보가 소비자에게 제공 되는 등 하루 빨리 요소수 수급이 안정되기를 바라고, 이런 상황을 악용하여 소비자 혼란을 야기하는 판매업체들은 없기를 바란다.

Part

02

소비자정책
이야기

01

온라인에 퍼진 랜덤박스, 정말 대박박스일까

20대 회사원 A는 최근 우연히 온라인 쇼핑몰에서 명품 시계나 화장품 등을 아주 저렴한 가격에 구매할 수 있다는 광고와 후기를 보고, 시계와 화장품 등이 들어 있는 '랜덤박스'를 구매했다. 이튿날 A에게 택배가 도착했고, A는 어떤 제품들이 들어 있을지 설레이는 마음으로 택배 박스를 뜯어봤다. 하지만 생각보다 너무 싸고 질이 떨어지는 제품들을 보고 실망했다. A는 쇼핑몰에 전화를 걸어 "랜덤박스를 교환하고 싶다."고 했지만, 쇼핑몰 직원은 "랜덤박스는 한번 사면 환불이 안 된다."는 말만 되풀이했다. A는 랜덤박스를 반품하고 환불받을 수 있을까? 그리고 '랜덤박스'는 정말 '럭키박스' 또는 '대박박스'가 맞을까?

소비자 기만한 '대박박스' 판매업자, 공정위로부터 영업정지 등 제재받아

　2007년 국내 오프라인 매장에서 랜덤박스 형태의 상품이 최초로 판매된 것으로 알려진 이후, 오프라인에서뿐만 아니라 온라인에서도 랜덤박스에 대한 소비자의 관심이 점차 증가하고 있는 추세이다. 랜덤박스는 같은 종류의 여러 가지 상품(예: 시계)을 판매 화면에 나열하고 이들 중 하나를 무작위로 선택하여 상자(랜덤박스)에 넣어 배송하는 것으로, 소비자와 판매자 모두 상자를 열기 전까지는 어떤 상품이 들어있는지 알 수 없다.

　랜덤박스로 판매되는 제품은 주로 시계, 향수, 화장품 등이며, 랜덤박스 판매가 증가하면서 A와 같은 소비자 민원이 빈번하게 발생하고 있다. 랜덤박스는 같은 가격을 지불함에도 불구하고 우연적인 요소에 의해 서로 다른 상품이 선택될 수 있다는 일종의 사행성이 가미된 상품으로, 판매업자들은 "대박 아니면 중박! 쪽박은 없습니다.", "팔자필 인생을 위해!!" 등의 문구로 소비자의 사행 심리를 적절히 이용하여 소비자를 유인하고 있다. 이러한 랜덤박스의 특성상, 당초 기대와 달리 '쪽박' 상품을 얻은 소비자는 애초에 자신이 원한 '대박' 상품이 없었음에도 불구하고, 다른 소비자가 '대박' 상품을 얻었을 것으로 생각하는 등 사업자의 광고가 거짓·과장임을 알기 어려워 피해를 입고서도 스스로 인지하지 못할 가능성이 상당했다.

결국 공정위는 랜덤박스를 통해 저렴한 가격으로 고가의 다양한 상품을 받을 수 있는 것처럼 소비자를 기만한 3개 랜덤박스 통신판매업자에게 시정명령(공표명령 포함)과 과태료를 부과하고, 이례적으로 3개월간의 영업정지를 결정했다.

실제로는 제공되지 않는 상품의 브랜드 등을 광고화면에 표시하거나
랜덤방식이 아닌 자의적 상품을 배송 …
거짓·과장된 사실을 알려 소비자를 유인하는 행위에 해당

공정위로부터 제재받은 사업자들은 랜덤박스 상품 판매 화면에 총 41개의 브랜드 시계가 랜덤박스 대상인 것처럼 광고하였으나, 실제로는 9개의 브랜드 시계만을 랜덤박스로 소비자에게 공급하였으며, 나머지 32개의 브랜드 시계는 전혀 공급한 사실이 없었다. 또한, 미리 모든 브랜드의 시계들을 박스로 포장한 후 주문이 들어오면 무작위로 박스를 선택하여 소비자에게 배송하는 것이 아니라, 주문을 받은 후 재고소진을 목적으로 당시 재고가 있는 시계들 중에서 자의적으로 시계를 선택하여 소비자에게 배송하였다. 뿐만 아니라 이용후기 게시판을 운영하면서 소비자가 작성한 '불만족' 이용후기를 고의로 게시하지 않아, 소비자들이 상품구매과정에서 다른 소비자의 '만족' 이용후

기만을 볼 수 있도록 하였다.

위와 같은 행위는 전자상거래법 제21조 제1항 제1호에서 금지하는 '거짓 또는 과장된 사실을 알리거나 기만적 방법을 사용하여 소비자를 유인 또는 소비자와 거래하거나 청약철회 등 또는 계약의 해지를 방해하는 행위'에 해당한다.

교환·반품 가능함에도 불가능하다는 등의 고지 …
거짓된 사실을 알려 청약철회를 방해하는 행위에 해당

상품의 하자가 있는 경우 그 사실을 안 날로부터 30일(또는 받은 날로부터 3개월) 내에는 취소·환불이 가능함에도 불구하고, 위 사업자들은 랜덤박스라는 이유만으로 상품 수령일로부터 7일 이내에 전화를 통해서만 교환 및 반품이 가능하다고 고지하거나, 아예 교환 및 환불이 불가능하다고 고지하였다. 또한 7일 이내에 청약철회의 "의사를 표시"하는 것만으로도 충분하지만, 상품이 7일 이내에 업체에 "도착"하여야만 하는 것으로 고지하고 취소·환불 가능 기간을 사실상 축소하였다.

위와 같은 행위는 전자상거래법 제17조 제3항 및 제21조 제1항 제1호에서 정한 청약철회 가능 여부 및 기간에 위반될 뿐만 아니라, 거짓된 사실을 알려 청약철회를 방해한 행위에 해당한다.

공정위, 허위·과장 광고에 엄격한 법 적용으로 처벌 강화 추세 … 사업자의 법 준수 인식 확산이 우선 필요

올해 들어 공정위가 허위·과장 광고에 대해 엄격한 법 적용을 통해 처벌을 강화하고 있다. 작년에 비해 비교적 제재수준이 낮은 '경고'보다는 시정명령·과징금·고발 등으로 비교적 높은 수준으로 제재하는 건수가 증가했다. 이는 김상조 공정거래위원장 취임 이후 법 위반 잣대가 더 엄중해졌다는 평가로, 특히 랜덤박스를 통해 소비자를 기만한 앞선 사례의 경우 전자상거래법 위반행위로는 최초로 '영업정지'까지 결정한 것은, 소비자를 기만하여 피해를 주는 행위에 대한 공정위의 강력한 제재 의지를 엿볼 수 있는 대목이라고 할 수 있다.

랜덤박스 외에도 뽑기 방식이 성행하고 있는 확률성 상품은 물론, 이제는 일상이 되어버린 온라인 쇼핑몰에서의 상품 구매 현실. 반드시 공정위의 강력한 처벌 때문이 아니더라도 사업자들 스스로 법 준수 인식을 확산하고, 소비자에게 공급하는 상품에 대한 정확한 정보와 사실에 입각한 이용후기 등을 제공함으로써 소비자가 자신의 상품을 합리적으로 구매 결정할 수 있도록 유도해 주길 기대해 본다.

02

'TV 홈쇼핑 믿었는데…'
패키지여행 피해, 책임은 누가

20대 회사원 A는 TV 홈쇼핑 광고 내용상 안내원 경비를 현지에서 별도 지불해야 한다는 내용이 없어 상품 가격에 포함된 것으로 인식하고 사이판 여행 상품을 구매했다. 그러나 현지에서 안내원 봉사료로 1인당 30달러를 요구하여 총 120달러를 추가로 지불했다.

30대 자영업자 B는 TV 홈쇼핑 광고에 선택 관광에 대한 자세한 설명이 없어서 상품 가격 이외의 추가 비용이 없는 것으로 알고, 태국 3박 5일 여행 상품을 구입했다. 그러나 선택 관광을 반드시 해야 한다는 안내원의 강요에 의해 총 170달러의 추가 비용을 지불했다.

이와 같이 TV 홈쇼핑사와 여행사가 기획여행(패키지여행) 상품을 광고하면서 상품 가격과 선택 관광의 경비·대체 일정 등 중요 정보를 광고에 포함시키지 않은 경우, A와 B는 TV 홈쇼핑사와 여행사 중 누구를 광고의 주체로 보고 피해를 구제받을 수 있을까?

공정위, TV 홈쇼핑사와 여행사 모두 광고의 주체로 보아 과태료 부과

사업자는 표시·광고를 할 때 소비자의 구매 선택에 중요한 영향을 미치는 중요한 표시·광고사항, 예를 들어 기획여행(패키지여행)의 경우, ① 현지에서 별도로 지불해야 하는 안내원(가이드) 경비가 있는 경우 그 금액 및 현지에서 별도로 지불해야 한다는 점, ② 선택 관광이 있는 경우 그 금액 및 대체 일정 등을 반드시 포함해야 한다(표시광고법 제4조 제5항 및 중요한 표시·광고사항 고시 V. 8.).

따라서 사업자가 법령에서 정한 중요 정보를 광고에 포함시키지 않은 것은 법 위반에 해당하며, 공정위는 위와 같은 사례에서 홈쇼핑사와 여행사들이 기획여행(패키지여행) 상품을 광고하면서 상품 가격과 선택 관광의 경비·대체 일정 등 중요 정보를 광고에 포함시키지 않은 행위에 대해 TV 홈쇼핑사와 여행사들 모두를 광고의 주체로 보아 과태료를 부과했다.

하지만 법원은 TV 홈쇼핑사만 광고의 주체에 해당한다고 판단 …
여행사는 광고의 주체라고 보기 어렵다는 이유로 공정위의 여행사에 대한
과태료부과처분 취소

하지만 법원의 판단은 달랐다. 법원은 공정위가 여행사들이 TV 홈쇼핑을 통해 여행 상품을 광고함에 있어 중요정보를 표시·광고하지 않았다는 이유로 과태료를 부과하였으나, 여행사들이 광고의 주체로서 위반행위를 한 것으로 보기 어렵다는 이유로 여행사들에 대한 과태료부과처분을 취소했다.

법원은 ▲ 여행사와 홈쇼핑 사업자 간 거래 방식이 위·수탁거래로서, 여행 상품이 홈쇼핑 사업자의 명의로 소비자에게 공급된다는 점 ▲ 홈쇼핑 사업자가 여행 상품 관련 청약·결제·A/S 응대 등을 진행함에 따라 소비자는 홈쇼핑 사업자를 광고행위의 주체로 인식할 수 있다는 점 ▲ 여행사는 광고 영상에 포함될 일부 내용(여행 상품 관

련 영상, 상품 정보 등)만 제공할 뿐 각 콘텐츠의 표시방법, 영상·자막의 편집 등은 홈쇼핑사가 전담하는 점 ▲ 그 외 여행사가 TV 홈쇼핑 광고 제작에 관여하였다는 입증이 충분치 않다는 점에 비추어 볼 때, TV 홈쇼핑사만 광고의 주체로 보아 위반행위를 한 것으로 보아야 한다고 판단하였다.

TV 홈쇼핑사는 광고 제작 총괄 여부, 광고 영상의 저작권 보유 등에 따라 광고의 주체로서 광고 내용에 책임을 질 수 있음에 유의해야

이러한 법원의 판단은 광고의 주요 내용이 여행사가 기안한 내용으로 구성되는 경우에도 TV 홈쇼핑사가 광고의 주체로서, ▲ 광고 제작을 총괄하거나 그 내용의 선택·편집·검수 권한을 가지는 경우, ▲ TV 홈쇼핑사가 계약 체결, 대금 수령, A/S 등 소비자 응대를 전담하는 경우에는 그 광고의 내용에 책임을 질 수 있다는 점을 시사한다.

따라서, TV 홈쇼핑사는 여행사들이 제공한 광고 콘텐츠에 허위·과장의 내용이 있는지, 중요한 표시·광고사항 고시에서 규정한 중요사항이 표시되어 있는지 여부를 철저히 검수해야 할 필요가 있다.

소비자도 패키지여행 상품 구입 시 부당한 광고로 인한 피해예방을 위해 광고 내용에 대해 스스로 꼼꼼하게 살펴봐야

소비자 역시 패키지여행 상품 구입 시 다음과 같은 사항에 유의할 필요가 있다. 우선 최종적으로 지불해야 하는 비용의 총액을 꼼꼼히 확인하여 이름만 저가인 상품에 현혹되지 않도록 해야 한다. 예를 들어, 여행사가 광고한 상품 가격에 가이드 경비, 유류할증료, 현지 관광 입장료 등 필수 경비가 포함되어 있는지 확인하고, 본인이 선택적으로 지불해야 하는 경비가 얼마인지 반드시 확인해야 한다.

또한, 광고 등에 가이드 비용 관련 내용이 있는 경우, 그것이 필수 경비인지 아니면 지불 여부를 자유롭게 선택할 수 있는 순수한 팁인지 반드시 확인해야 한다. 즉, 저가 상품인 것처럼 광고하기 위하여 현지에서 여행 안내자 비용을 지불하도록 사실상 강제하여 여행 상품 가격에 포함되어야 하는 필수 경비(가이드 경비)를 충당하는 사례가 많으므로 주의해야 한다.

마지막으로, 선택 관광이 있으나 이에 참여하지 않으려고 할 경우 대체 일정이 기본 일정과 연계가 잘 되어 있는지 확인해야 한다. 일부 상품의 경우 선택 관광에 참여하지 않으면, 다음 일정에 참여하는 것이 불가능하도록 일정을 운영하고 있으므로 주의해야 한다.

03

렌터카 타고 남은 기름,
환불받을 수 있을까

설레는 마음을 안고 제주도로 여행을 떠나기로 한 A. A는 제주도 지역 렌터카 업체에 승용차를 빌리러 가서 렌트카 업체로부터 차종과 기간에 대해 안내를 받고, 원하는 차종의 승용차를 3일간 빌려 제주도 여행을 했다. 그런데 A는 대여시 연료가 연료탱크의 1/5 정도 밖에 없어 첫날부터 주유를 할 수밖에 없었고, 여행기간 동안 얼마 정도의 연료가 필요한지 예측할 수 없어 가득 주유를 하였다. 그 결과 대여시의 연료량을 상당히 초과하여 반납하게 되었다. A는 연료 초과 반납분에 대한 정산을 렌터카 업체에 요구했지만, 렌터카 업체는 자신이 사용하는 렌터카 이용약관상 "반납시 연료 초과분 환불 안됨"이라는 조항을 들어 연료 초과 반납분에 대한 환불을 해주지 않았다.

A의 경우처럼, 렌터카를 반납할 때 처음 차량을 빌릴 때의 연료량보다 더 많은 연료가 남아 있는 경우, 그 차이만큼 정산(환불)을 받을 수 있을까.

공정위 자동차대여표준약관 …
대차시 연료량과 비교하여 상호 정산하도록 규정

'약관'이란, 계약의 일방당사자가 여러 상대방과 계약을 체결하기 위해 일정한 형식으로 미리 만들어 사용하는 계약내용이고, '표준약관'이란, 사업자 및 사업자 단체가 정하여 공정위의 심사를 받은 약관으로 건전한 거래질서를 확립하고 불공정한 내용의 약관이 통용되는 것을 방지하기 위하여 일정한 거래분야에서 "사업자들이 최소한 지켜야 하는 거래규범"을 담은 표준이 되는 약관이다. 표준약관은 소비자들이 불공정한 약관을 사용하는 사업자로부터 억울한 피해를 당했을 때 따져 보상을 받을 수 있는 근거가 되며, 나아가 법원에 민사소송을 제기할 때 판결의 준거가 된다.

렌터카와 관련한 표준약관으로 '자동차대여표준약관'이 있는데, 개정 전 (2011. 9. 23.)에는 연료정산에 관한 규정이 없었기 때문에 일부 렌터카 업체들은 차량 반환시 연료량이 대여시보다 부족하면 부족분을 소비자에게 부담시키는 반면, 초과 반납한 연료량에 대해서는 환불을 해주지 않았다. 이에 공정위는 남은 연료에 대해 불필요한 분쟁을 예방하기 위해 대차시 연료량과 비교하여 상호 정산하거나 외국처럼 사용자가 연료를 100% 채워 대여하고, 고객도 100% 채워 반납하는 방법으로 정산규정을 신설했다.

공정위, 렌터카 반납시 연료 초과분 환불가능하도록 시정조치

위와 같이 '자동차대여표준약관'을 개정한 이후 공정위는 렌터카 업체(제주지역)의 불공정약관 운영실태를 점검하였고, 제주지역 13개 렌터카 업체가 사용하는 ▲ 연료 초과분에 대한 환불불가조항 ▲ 예약취소 시 과도한 위약금 조항 ▲ 눈길 등 사고시 자기차량손해 면책제도 적용배제 조항이 약관규제법에 반하다고 판단하고, 표준약관에 부합하도록 시정하라고 조치했다.

구체적으로 살펴보면, 우선 ▲ 연료 초과분에 대한 환불불가 조항의 경우 렌터카 반납시 연료량이 대차시의 연료량보다 많이 남은 경우 연료 초과분에 대해 정산하지 않고 일방적으로 사업자에게 귀속시키는 조항은 고객에게 부당하게 불리한 불공정약관으로, 약관규제법 제6조 제2항 제1호에 위반되므로 연료 과부족분에 대하여 상호 정산할 수 있도록 관련 조항을 수정하도록 했다.

다음으로, ▲ 예약 취소시 과도한 위약금 조항의 경우 렌터카 임차예정일 직전 24시간 이내 취소시 이용금액의 10% 정도가 아닌 100%를 위약금으로 부과하는 등 과다하게 위약금을 부과하는 조항은 불공정약관으로, 약관규제법 제8조에 위반되므로 임차예정일시 직전 24시간 이내 취소시 위약금을 대여요금의 10%로 하는 등 표준약관 내용과 동일하게 수정하도록 했다.

또한, ▲ 눈길 등 사고시 자기차량손해 면책제도 적용배제 조항의 경우 고객이 자기차량손해 면책제도에 가입했음에도 눈길 등에서의 사고에 대하여 일방적으로 고객의 책임으로 돌리고 면책제도 적용을 배제하는 조항은 고객에게 부당하게 불리한 불공정약관으로, 약관규제법 제6조 제2항 제1호에 위반되므로 이를 삭제하도록 했다.

피해 예방을 위해서는 귀찮더라도 계약서를 꼼꼼하게 살펴보고 기록 남겨두는 것이 중요

제주지역의 경우 렌터카 수요가 집중되는 곳이고, 표준약관을 제정('09. 12.), 개정('11. 9. 23.)한 이래 표준약관이 상당히 보급되었음에도 여전히 불공정약관이 통용되고 있는 실정이다.

이에 공정위가 권고하는 렌터카 이용 시 유의해야 할 사항을 살펴보면 다음과 같다. ▲ 계약 체결 전 예약취소, 중도해지에 대한 환급 규정을 확인해야 한다. 계약할 때 지나치게 과다한 위약금을 부과하거나 소비자에게 불리한 규정이 없는지 확인하는 것은 필수이다.

또한, ▲ 계약 체결 시 사고의 경중 구분 없이 동일한 면책금을 요구하는 조항이 없는지 확인하고, 사고발생에 대비하여 자기차량 손해보험에 가입한다. 사고의 경중 구분 없이 동일한 면책금을 요구하는 렌터카 업체는 이용하지 않도록 하고, 보험가입을 통해 운행 중 렌터카 손상이나 사고발생으로 인한 수리비, 휴차료 등의 손해에 대비한다.

마지막으로, ▲ 렌터카 차량 인수 전 차량상태와 연료량을 꼼꼼하게 확인해야 하며, 렌터카 반납시 외관의 손상(흠집, 스크래치 등) 책임이나 잔여 연료량 정산 분쟁을 피하려면 반드시 사전에 손상부위에 대한 사진이나 동영상을 촬영해 두고 손상된 내용과 잔여 연료량을 계약서에 기재해 두어야 한다.

04

택배 물품 분실 시
책임은 누가?

쇼핑의 계절이라고 불릴 정도로 소비가 늘어나는 연말. 특히 온라인 쇼핑 이용이 늘어나며 배송 관련 분쟁도 증가하고 있다. 이에 보다 현명하게 대처할 수 있는 방법은 없는지 사례 별로 살펴보자.

문 앞 택배, 분실됐다면?

▶ 한 쇼핑몰에서 노트북을 구매한 A씨. 택배업체로부터 배송이 완료됐다는 문자를 받았다. 하지만 퇴근 후 집에 가보니 문 앞에 두었다는 택배는 온데간데 없었다. 이럴 땐 어떻게 해야 할까?

전에는 택배 배송할 때 택배기사님들이 대면 배송을 했었다. 하지만 코로나19 이후에는 택배기사님을 통해 직접 전달 받는 일이 거의 없는 것 같다. 비대면 배송이 거의 암묵적인 룰이 된 것 같은데, 이럴 때 택배를 분실했다면 누구의 책임으로 볼 수 있을까.

이러한 택배 관련 분쟁을 예방하기 위해서 공정거래위원회에서는 '택배 표준 약관'을 시행하고 있다. 택배 표준 약관에 따르면, 택배기사님은 수령인에게 직접 배송을 해야 하고, 수령인에게 택배를 받았다는 확인을 받아야 한다. 즉 '대면 배송'이 원칙이다. 다만, 택배를 받을 사람이 없는 경우에는 택배 받는 사람과 협의해서 택배를 반송하거나, 합의된 장소에 택배를 보관할 수 있다. 따라서 택배기사님이 수령인에게 연락도 하지 않고, 합의도 없이 문 앞이나 경비실, 특정 장소에 택배를 보관한 뒤 택배가 사라졌다면 그 책임은 택배회사에게 있다.

배송 완료 사진 보내면 분실 책임이 바뀔까

요즘 택배기사님들이 배송을 완료하고 나서 사진을 찍어 보내주시는 경우가 많은데, 만약 이런 배송완료 사진을 받고 나서 택배가 사라졌다면 그 때는 배상을 받기 어려울까.

이처럼 비대면으로 배송된 택배가 분실된 경우에는 택배를 이용하는 과정에서 비대면 배송에 대한 동의가 있었는지 우선 확인해 봐야 한다. 우선, 수령인 본인이 문 앞에 택배를 보관하는 것에 '동의'를 했는데 택배가 분실된 경우에 그 책임은 수령인에게 있다.

예를 들어, 문자나 전화 등을 통해 부재 시 문 앞에 놓아달라고 말했거나 주문하면서 '부재 시 문 앞' 등으로 미리 선택한 경우이다. 이렇게 수령인이 비대면 배송에 동의한 경우에는 택배기사님은 합의한 내용에 따라 문 앞에 택배를 놓고 간 순간이 곧 배송이 완료된 시점이 되기 때문에 그 이후에 택배가 분실되더라도 택배 회사의 책임이라고 보기 어렵다. 이러한 경우에는 경찰에 신고하는 등의 절차를 통해 피해를 구제받아야 한다.

한편, 주문하면서 별도로 부재 시 수령 장소를 선택하지 않은 경우에는 비대면 배송에 대한 동의가 있다고 보기 어렵기 때문에 원칙으로 돌아가 '대면 배송'을 해야 하고, 그럼에도 문 앞에 두고 간 후에 택배가 분실된다면 그 책임은 택배 회사에 있다고 볼 수 있다.

마찬가지로, 비대면 배송에 동의가 없는데도 택배기사님이 임의로 문 앞에 두고 배송 완료 모습을 사진으로 찍어 보내더라도 비대면 배송에 대한 동의가 없었기 때문에 그 이후 분실된 택배에 대한 책임은 택배 회사에게 있습니다.

참고로, 요즘 가끔 택배기사님이 그냥 택배차 사진을 보내는 경우도 있는데, 이런 경우에는 당연히 합의된 장소에 물건을 둔 것이 아니어서 아직 배송이 완료되었다고 보기 어려우므로 택배가 분실된 경우 그 책임은 택배 회사에게 있다고 볼 수 있다.

택배 분실 시 손해배상은 운송장에 적힌 가격이 중요

택배 분실로 인해 손해배상을 받는 경우 어떤 기준으로 이뤄지는지 궁금해할 수 있다. 앞선 사례의 경우 노트북이었는데, 할인 행사로 엄청 저렴하게 구매했는데 지금은 끝난 경우 내가 산 금액대로만 배상이 이뤄진다면 지금은 그 가격으로는 같은 노트북을 구매할 수가 없으니 억울할 것 같은데, 어떤 기준으로 손해배상을 받을 수 있을까.

택배 회사의 잘못으로 택배가 분실된 경우 이에 대한 배상을 해주는 것은 당연한데, 택배 분실로 인한 손해배상은 운송장에 기재된 물건 가격을 기준으로 받을 수 있다. 그래서 물건 가격에 맞는 적절한 배상을 받기 위해서는 택배 접수 시 작성하는 운송의뢰서에 가격을 제대로 기재해야 한다.

따라서 온라인 쇼핑에서는 해당 업체에서 물품 가격을 기재하기 때문에 통상 실제 구매한 가격으로 배상을 받을 가능성이 높다. 만약 물품 가격을 운송장에 기재하지 않은 경우에는 택배 표준약관 기준에 따라 배상금액이 책정된다. 택배 표준약관에서는 최대 50만 원으로 손해배액을 한정하고 있기 때문에, 만약 고가의 물건을 구매한 경우에 물건 가격을 운송장에 기재하지 않으면 손해를 입게 될 수 있다. 그래서 고가의 물건을 운송장에 기재함으로써 택배비가 다소 인상되더라도 혹시 모를 분실 사고를 대비하여 물건의 정확한 금액을 운송장에 쓰는 것이 중요하다.

택배 물품 파손 시 수리비 배상? 가액 배상?

택배 분실은 운송장에 기재된 물건 기준으로 손해배상을 받을 수 있는데, 만약 택배가 배송 중 파손된 경우에는 새로운 물건으로 받을 수 있을까.

이 경우에는 물건이 파손된 책임이 판매자에게 있는지 또는 택배 회사에게

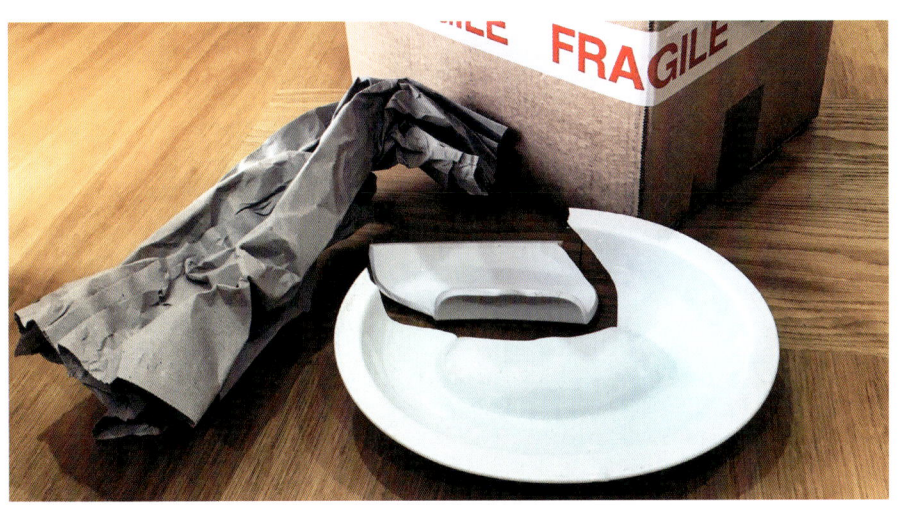

있는지에 따라 새로운 물건이나 가액으로 받을 수 있다. 즉 택배 표준약관에서 따르면, 물건이 파손 되었는데 수리가 가능한 경우에는 무상 수리 또는 수리비를 보상받을 수 있고, 물건이 파손되었는데 수리가 불가능한 경우에는 운송장에 기재된 물건의 가격을 기준으로 배상을 받을 수 있다.

다만 이는 택배 회사가 완충 포장을 잘못해서 파손된 경우에 통상 이렇게 배상을 받는 것이고, 만약 판매자가 완충 포장을 잘못해서 파손된 경우에는 판매자가 손해를 배상할 책임이 있는데, 이 때에는 통상 새로운 물건으로 다시 보내주거나 만약 그 물건이 없다면 가액으로 배상을 하게 된다. 그리고 여기서 알아두시면 좋은 것이 있는데, 택배 분실, 파손 등에 따른 소비자 피해 배상이 택배 회사나 택배 기사 간 책임 회피로 기약 없이 늦어져서 소비자 입장에서는 속이 타는 경우가 많다.

이러한 경우를 방지하기 위해서 표준 택배약관에서는 택배가 분실되거나 파손된 경우에 30일 이내에 택배 회사가 우선 소비자에게 신속하게 배상하도록 하고 있다. 그 뒤에 책임이 택배 회사에 있는지 택배 기사님에게 있는지는 확인한 후 구상을 하든지 하라는 취지다.

그리고 택배를 분실 한 경우 우선 그 사실을 택배 회사에 즉시 알려야 한다. 택배 회사에 통보하지 않으면 피해 발생 원인과 책임 소재를 가리기가 어려워 택배 회사가 배상을 거부하는 경우가 생길 수 있으므로 분실 사실을 알게 되었을 때에는 즉시 그 내용을 택배 회사에 통보해야 한다. 그리고 택배가 분실된 경우에는 14일 이내에 택배 회사에 그 사실을 통지해야 한다. 택배 회사에 통보할 경우에는 전화로만 통보하면 추후 입증이 곤란할 수 있으므로 내용증명 우편을 이용하여 통보하는 것이 더욱 안전하다.

05

오배송된 택배 주인 찾아주다가
신상 털린다?

지난해 국민 1인당 택배 이용 건수가 100건을 넘어섰다고 한다. 관련 분쟁도 늘어나고 있는 만큼 적절한 대처법에 대해서 살펴보자.

배송 늦은 것도 배상?

▶ 어머니의 생신 선물로 건강식품을 구매한 A씨. 어머니 생신 전까지 배송이 가능하다는 답변을 받고 안심했다. 하지만 어머니의 생신 당일까지 택배는 도착하지 않았다. 택배회사는 물동량이 많아 지연됐다고 하는데, 이러한 경우도 손해배상 청구가 가능할까?

택배를 선물용이나 특정일에 쓸 용도로 구매한 경우라면, 제 날짜에 도착하는 것이 중요한데, 지연되는 경우에도 손해배상을 받을 수 있을까?

결론부터 말하면, 손해배상을 받을 수 있다. 이처럼 생신이나 결혼식, 돌잔치, 명절 등에 필요한 물건에 대한 배송을 요청하는 경우가 많다. 그런데 배송이 지연된 경우에 택배회사는 운송장에 기재된 운임액, 즉 배송요금의 200%를 지급해야 한다.

여기서 기억해야 할 것은 배송지연의 경우에는 물건의 가액을 기준으로 손해배상액을 산정하지 않는다는 것이다. 예를 들어, 택배비가 1만 원이라면 2만 원을 받는다. 다만 일반적인 배송지연의 경우에는 손해액 산정 기준이 조금 다르다. 이 경우 택배회사는 인도예정일을 초과한 일수에, 운송장에 기재된 운임액 즉 배송요금의 50%를 곱한 금액을 손해배상으로 지급해야 한다. 하지만 이 경우 손해배상액은 운임액의 200%를 초과할 수 없다.

예를 들어, 택배 요금이 1만 원이고, 1주일이 지연되었다면 택배회사는 2만 원을 지급해야 한다. 손해배상 계산식에 따르면, 배상액은 3만 5,000원인 것처럼 보이는데(1만 원 × 7일 × 50%), 그러나 손해배상의 한도가 운임액의 200%이므로(1만 원 × 200%), 2만 원 한도 내에서 손해를 배상하게 된다.

오배송 택배 건드리다 처벌까지?

▶ 한 온라인 쇼핑몰에서 감귤을 주문한 B씨. 배송이 완료됐다는 문자를 받았지만 여행 중이라 바로 확인이 어려웠다. 배송 다음 날 집으로 돌아왔지만 문 앞에 있어야 할 감귤이 보이지 않았다. 확인해 보니, B씨가 주문할 때 동을 잘못 입력해 옆동 같은 호수에 배송된 것이었다. 택배를 받은 옆동 주민은 종종 과일 선물이 들어와 이번에도 그런 줄 알았다며 반 정도를 먹었다고 한다. 어떻게 하면 좋을까?

택배는 오배송 사고도 종종 발생하곤 한다. 위 사례의 경우 일단 송장에 기재된 주소대로 배송됐기에 택배기사의 잘못은 없을 거 같은데, 오배송된 물품을 본인 것으로 오인해서 사용하거나 먹은 경우, 손해배상을 청구할 수 있을까?

우선 잘못 배송된 택배인 것을 알거나 알 수 있었음에도 오배송된 물건을 사용하거나 처분한 경우, 택배 물건의 원래 주인은 상대방을 상대로 점유이탈물횡령죄로 형사 고소할 수 있다. 통상 남의 물건을 가져가는 행위를 절도죄로 생각할 수 있는데, 절도죄는 다른 사람의 점유하에 있는 물건을 몰래 가져가는 경우에 성립한다. 다른 사람 문 앞에 있는 물건을 가져간 경우를 말한다.

그런데 그게 아닌 사례의 경우와 같이 내 집 앞으로 잘못 배송된 과일은 분실물과 같아서 이를 가져가면 절도죄가 아닌 점유이탈물횡령죄가 성립할 수 있다. 점유이탈물횡령죄는 절도죄보다는 가볍게 처벌된다. 그리고, 자기 택배가 아닌 줄 알면서도 택배를 마음대로 뜯은 것은 비밀침해죄에 해당할 수도 있다. 비밀침해죄는 봉함 등 기타 비밀장치를 한 편지나 문서 등을 개봉했을 때 성립하는데, 보통 테이프로 밀봉된 택배도 이에 해당할 수 있다. 다만 비밀침해죄는 친고죄, 즉 피해자가 고소를 해야지만 처벌이 가능한 죄이기 때문에 사례의 경우 J씨의 고소가 있어야만 처벌이 가능하다. 한편, 옆동 주민은 자신이 먹은 감귤에 대한 민사상 손해배상책임도 질 수 있다.

오배송 물품, 주인 찾아주다 내 신상 정보 털릴 수도?

최근에 피싱 범죄 수법이 날이 갈수록 교묘해지고 다양해지고 있다. 대부분 잘 아는 것처럼 문자를 이용하는데 요즘은 택배 오배송을 가장한 신종 수법이 알려지면서 주의가 요구되고 있다.

만약에 나는 시킨 적이 없는데 택배가 내 문 앞에 있다면 어떻게 해야 할까?

우선 누구에게 온 건지 택배를 확인해야 한다. 만약 택배에 받는 사람 전화번호가 있다면 이 번호로 전화를 걸어 "택배가 잘못 배송됐으니 찾아가라."고 전달해 줄 수 있다. 이러한 당연한 행동 패턴을 이용한 범죄 수법이다. 이렇게 되면 이 번호로 전화를 건 내 번호가 상대방에게 노출되고 상대방이 찾으러 오겠다며 주소와 이름 등을 요구하게 되면 그대로 개인 신상정보가 노출된다.

이렇게 습득한 개인 정보는 경제범죄나 사기범죄로 이어질 가능성이 있다. 이러한 방식으로 피해를 당했다는 사례가 요즘 온라인상에 자주 올라오고 있다.

이처럼 내가 시킨 택배가 아닌데도 내 집 문앞에 있는 경우에는 택배 상자를 뜯거나 택배 상자에 있는 연락처에 연락하지 말고 택배 회사에 연락해서 다시 가져가도록 하는 것이 좋다. 참고로 잘못 배송된 택배를 주인에게 돌려줄 의무는 없으니 안심하시고, 만약에 택배 송장에 적혀 있는 발송인이나 수령인 번호로 직접 전화할 경우에는 개인정보 노출 등의 우려가 있으니 주의가 필요하다.

택배사와의 분쟁 해결이 어렵다면?

택배 관련해 일어날 수 있는 다양한 분쟁 상황들을 살펴봤는데, 당사자 간에 잘 해결되면 좋겠지만, 그렇지 않은 경우 문제를 해결하기 위해선 어떤 조치를 해야 할까?

택배회사와 협의해서 분쟁해결을 위해 노력했지만 해결이 안 된 경우에는 공정거래위원회에서 운영하는 '1372 소비자상담센터'에 연락하여 상담한 후, 한국소비자원의 피해구제 절차를 진행할 수 있다. 한국소비자원은 소비자의 불만처리 및 피해구제 등 업무를 하는 기구로서, 소비자와 택배회사 사이에 발생하는 분쟁은 소비자분쟁해결기준에 따라 해결을 한다.

만약 한국소비자원을 통해서도 분쟁이 해결되지 않은 경우에는 법원에 민사소송을 통해 해결할 수도 있다. 택배 분쟁 사건은 소액이라 지급명령신청을 통해 간소하게 해결하거나 통상 소액사건심판에 따라 진행하고 있다. 그러한 과정에서 합의나 조정이 되기도 하니 참고하면 좋겠다.

06

응모권에 1mm 깨알 글씨,
고지의무 다했다고?

A사는 "썸머 페스티벌 자동차 10대를 쏩니다.", "연말 연시 벤츠가 온다!! 경품이 쏟아진다!!" 등 경품행사를 알림쪽지(전단지), 구매 영수증, 누리집(홈페이지) 등을 통하여 광고하였다. 자동차, 순금 등 경품을 추첨으로 준다는 광고에 적게는 51만 명, 많게는 81만 명의 고객이 응모했다. 매장에 가지 않거나 물건을 사지 않아도 응모할 수 있지만, 개인정보 수집 등에 동의하지 않으면 추첨에서 제외되는 경품행사였다.

이렇게 A사는 경품행사로 712만 명 고객의 주민등록번호, 휴대폰 번호 등 개인정보를 모았고, 그 중 600만 건을 국내 보험사들에게 119억여 원을 받고 팔았다. 광고물에 응모자의 개인정보가 보험사들에게 제공된다는 사실을 명확히 알리지 않았고, 응모단계에서도 개인정보(생년월일, 휴대폰 번호)가 경품행사를 위한 본인 확인, 당첨 시 연락 목적임을 강조한 반면, 개인정보 제3자 제공부분은 고객이 알기 어려울 정도로 1mm 크기의 작은 글씨로 표시했다.

이처럼, A사가 경품행사를 광고하면서 개인정보를 보험사들에게 제공한다는 사실을 명확하게 알리지 않아 고객들이 경품행사를 단순한 사은행사로 인식하게 한 경우, 표시광고법 제3조 제1항 제2호에서 금지하는 '기만광고'에 해당할까.

기만광고란 사실을 '은폐'하거나 '축소', '누락'하는 방법으로 광고하는 행위를 말해

표시광고법 제3조 제1항 제2호에서 금지하는 기만광고라 함은, 광고를 함에 있어 사업자가 소비자의 구매선택에 중요한 영향을 미칠 수 있는 사실이나 내용을 은폐하거나 축소하는 등의 방법으로 행하는 광고로, 특정 정보가 은폐·누락·축소되었다는 사실만으로 곧바로 부당한 광고에 해당하는 것이 아니라, ▲ 은폐·누락·축소한 사실이 소비자의 구매선택에 중요한 영향을 미치는 것인지, ▲ 은폐·누락·축소함으로써 광고내용의 전후 맥락과 광고 전체 내용상 보통의 주의력을 가진 일반 소비자가 사업자나 상품에 대하여 그릇된 정보나 사실과 다른 인식을 가질 우려가 있는지, ▲ 이를 통해서 소비자의 합리적인 의사결정이 저해될 우려가 있는지 등을 종합적으로 고려하여 판단한다.

예를 들어, TV를 통해 보험광고를 하면서 가입조건, 보험계약 갱신 시 갱신조건 등을 사실대로 표시하기는 하였으나 광고 말미에 지나치게 작은 글씨로 별도의 언급(방송멘트 등) 없이 화면 하단에 약 1초 정도만 광고하는 경우나, 의약품을 광고하면서 오·남용에 따른 부작용을 사실대로 표시하기는 하였으나 구체적으로 어떤 부작용인지에 대한 설명 없이 단지 "부작용 있음"으로만 광고하는 경우 기만광고에 해당할 수 있다.

공정위와 법원 모두 A사의 행위는 기만광고에 해당한다고 판단

공정위는 경품행사를 광고하면서 응모자의 개인정보가 보험회사에 제공된다는 사실을 은폐하거나 축소한 A사의 행위가 기만적 광고에 해당한다고 판단하고, 시정명령과 함께 과징금을 부과하였다.

경품행사의 경우 개인정보 제공과 그 정보의 보험회사 전달 등과 관련된 내용은 가장 중요한 거래 조건임에도 불구하고, 경품행사의 주제를 "A사 창립 고객감사 대축제", "가정의 달 경품 대축제" 등으로 광고하고, 응모권에도 개인정보 요구 목적이 경품 당첨 시 본인 확인과 연락 목적이라는 점만을 강조한 것은 기만적인 광고라고 판단한 것이다.

A사는 고객들이 경품혜택을 누릴 뿐인 공개현상경품 광고이기 때문에 제3자 개인정보 제공여부를 표시해야 할 제재 대상에 포함되지 않고, 실제 응모과정에서 응모권에 적힌 개인정보 수집·제공 사실을 알게 되므로 소비자를 기만한 것이 아니라는 등의 이유로 공정위 처분에 불복하면서 서울고법에 행정소송을 제기했다.

하지만, 서울고법은 응모권 뒷면이나 홈페이지 응모화면이 아닌 광고수단인 홈페이지, 구매영수증, 전단지에는 소비자의 개인정보를 수집하고 이를 제3자에게 제공하는 것에 소비자가 동의하는 조건으로 경품이 지급된다는 점이 누락되어 있고, 따라서 소비자들은 오로지 고객들에 대한 사은 행사의 일환으로 경품추첨 이벤트가 실시된다고 받아들였을 것으로 보인다고 보았다.

이어, 응모권 뒷면과 홈페이지 응모화면은 매우 작은 글씨로, '수집된 개인정보가 보험사 등에 제공된다.'고 기재되어 있어 가독성이 현저히 떨어지는 반면, 응모권 뒷면의 주민번호란 아래는 '경품 당첨 시 본인확인을 위해 생년

월일을 받고 있습니다.', 휴대번호란 아래는 '경품 당첨 시 휴대폰 번호로 알려드리니 정확히 기재하셔야 합니다.'라는 문구가 두꺼운 빨간색 글씨로 기재되어 있어 마치 개인정보 수집목적이 본인 확인과 당첨 시 연락처 확인을 위한 것처럼 오인될 우려도 있다고 보았다.

그러면서 A사는 경품행사의 실제 목적이 고객의 개인정보 수집 및 제3자에의 제공임에도 불구하고 이런 목적을 숨기고 광고해 소비자의 구매선택에 중요한 영향을 미칠 수 있는 사실이나 내용을 은폐했다며, 이는 기만적인 광고에 해당한다고 판시하였다.

개인정보보호법상 고지의무는 개인정보자기결정권 침해여부 살펴보는 것이 필요

한편, A사는 부정하게 개인정보를 수집한 혐의(개인정보보호법 위반 등)로 형사재판에도 넘겨졌다. 형사사건에서는 1심, 2심에서 모두 무죄를 선고받았다. 1mm 글씨는 사람이 읽을 수 없는 정도라고 단정할 수 없으므로 개인정보 제3자 제공 관련 응모자의 동의를 받지 않았다고 볼 수는 없으며, 다른 응모권이나 복권, 약관의 글자 크기도 대부분 그 정도에 해당한다는 이유였다.

하지만, 대법원은 개인정보자기결정권을 침해하는 행위로부터 국민의 자유와 권리를 보호하고자 하는 개인정보보호법의 입법목적과 부당한 표시·광고 행위로부터 소비자의 합리적인 의사결정을 보호하고자 하는 표시광고법의 입법목적 및 관련 법률 종합의 입법취지를 충분히 고려할 때, 1mm 크기의 고지문이 개인정보보호법상 '고지의무'를 다했다고 볼 수 없다고 판단하였다.

07

로또 당첨 번호 예측,
정말 '마이너리포트' 이야기?

A는 자신의 사이트에 방문한 소비자에게 상품광고 및 텔레마케팅 등을 통해 자신이 특별한 로또 당첨 번호 분석프로그램을 보유하고 있어 1등에 당첨될 확률이 높은 당첨 예상 번호를 제공할 수 있다면서, 적게는 몇만 원에서 많게는 1백여만 원 가량의 상품을 판매하는 로또복권 당첨 예상 번호 제공사업자로, 자신의 인터넷 사이트에서 당첨 예상 번호 적중률과 당첨 실적을 광고하면서, ▲ 다른 사업자가 운영하는 인터넷 사이트에서 복사한 1·2등 당첨 복권 사진을 사이트에 게시하고, ▲ 사진 편집 프로그램으로 위조한 1·2등 당첨 복권 사진을 게시해 마치 자신이 제공하는 당첨 예상 번호로 1·2등에 당첨된 것처럼 광고하였다.

이러한 경우, A의 행위는 표시·광고의 공정화에 관한 법률(이하 '표시광고법') 제3조 제1항 제1호에서 금지하는 거짓·과장의 광고행위에 해당할까.

결론부터 말하면, 공정위는 이처럼 위조한 로또복권 사진으로 광고하거나 다른 사업자의 복권 사진을 복사해 광고한 A의 행위가 사실과 다르게 광고하거나 지나치게 부풀리는 방법으로 소비자를 속이거나 소비자로 하여금 잘못 알게 할 우려가 있는 행위로서 표시광고법 제3조 제1항 제1호에 해당되어 위법하다고 판단하고, 시정명령·공표명령·과징금 부과와 함께 검찰에 고발했다.

거짓·과장의 광고행위 ···
거짓·과장성, 소비자 오인성 및 공정거래저해성이 인정되어야

표시광고법 제3조 제1항 제1호 및 같은 법 시행령 제3조 제1항의 거짓·과장의 광고는 사실과 다르거나 사실을 지나치게 부풀려 소비자를 속이거나 소비자로 하여금 잘못 알게 할 우려가 있는 광고로서 공정한 거래질서를 저해할 우려가 있는 것을 말한다. 따라서, 거짓·과장의 광고행위가 성립하기 위해서는 광고 내용의 거짓·과장성, 소비자 오인성 및 공정거래저해성이 인정되어야 한다.

한편, 광고 내용 중 사실과 관련된 사항이 진실임을 입증할 책임은 광고 행위를 한 사업자에게 있으며, 그 사실과 관련된 사항이 진실임에 대한 입증은 합리적·객관적 근거에 의하여야 한다.

또한, 광고가 소비자를 속이거나 소비자로 하여금 잘못 알게 할 우려가 있는지 여부는 보통의 주의력을 가진 일반 소비자가 당해 광고를 받아들이는 전체적·궁극적 인상을 기준으로 하여 객관적으로 판단하며, 공정거래저해성 여부는 광고가 소비자의 합리적 구매결정을 방해함으로써 관련시장에서의 공정한 거래질서를 저해할 우려가 있는지 여부를 기준으로 판단한다.

로또 1·2등 당첨 번호 예측 …
소비자를 속여 부당이득 취한 거짓 광고에 해당

공정위는 ▲ 거짓·과장성 여부에 대해 A가 자신의 사이트에 게시한 1등 당첨 로또복권 및 2등 당첨 로또복권이 바코드번호 및 발행일시 등이 모자이크 처리되어 그 진위여부를 확인하기 곤란함에도 불구하고, A가 그 사실을 증명할만한 근거를 제출하지 못하였을 뿐만 아니라, 조사과정에서도 게시된 당첨 로또복권이 다른 사이트에서 복사한 것을 허위로 게시하였다고 인정한 점을 이유로 A가 자신의 사이트에 게시한 1·2등 당첨 로또복권이 실제 당첨된 복권이 아니라 다른 사이트에 게시된 당첨 복권을 복사하여 게시한 것으로 거짓·과장성이 인정된다고 판단하였다.

또한, 공정위는 ▲ 소비자오인성 및 공정거래저해성 여부에 대해서도, 복권을 구매하는 일반 소비자는 통상 자신이 복권에 당첨될 수도 있다는 기대감을 갖고, 특히 로또복권과 같이 1등 당첨금액이 많고 직접 당첨 예상 번호를 선택할 수 있는 복권의 경우에는 더 높은 기대감을 갖게 되고, 일반 소비자는 당첨 예상 번호의 적중률이 높다는 내용의 광고를 접할 경우 당첨에 대한 기대감이 커지게 되기 때문에, A의 행위가 소비자를 속이거나 소비자로 하여금 잘못 알게 할 우려가 있다고 판단했다. 더불어, 로또복권 구입에 있어 로또복권 당첨 사례는 확률이 높은 당첨 예상 번호를 원하는 소비자의 상품 구매선택에 중요한 요소로서 소비자들의 구매·선택에 있어 실질적인 영향을 미칠 수 있기 때문에, A의 행위가 소비자들의 합리적인 구매의사결정을 방해하는 행위로서 공정한 거래질서를 저해할 우려가 있다고 판단하였다.

사업자의 법 준수 인식 확산 필요 …
소비자들에게 정확한 정보와 사실 제공 기대

공정위는 위 사례가 서울경찰청(사이버수사대)에 로또 사기 혐의로 적발된 로또 예측 사이트에 대해 경찰청 등 유관 기관합동으로 부당광고행위를 적발한 것이라고 밝혔다.

우리나라 로또복권은 한 게임당 1,000원으로 구매자가 순서와 상관없이 1부터 45까지의 숫자 중 자동 또는 수동으로 6개를 선택하는 '645 형태'를 채택하고 있고, 매주 토요일 오후 8시 40분 경 SBS 목동 신사옥에 있는 로또

추첨방송 스튜디오에서 담당자, 경찰관, 방청객 등이 참석한 가운데 생방송으로 프랑스 AKANIS TECHNOLOGIES 사의 Venus 추첨기를 통해 당첨번호를 추첨하여 당첨자를 정하며, 만약 그 회차에 당첨자가 없는 경우 당첨금을 2회까지 이월한다. 참고로 로또복권 1,000원에 대한 당첨 기댓값은 복권 및 복권기금법에 따라 복권기금, 운영비 및 판매비 등 부대비용을 제외할 경우 대략적으로 500원 정도이다.

얼마 전 온라인에 퍼진 대박박스에 대한 공정위 제재 등에서 보듯이, 특히 온라인을 통한 허위·과장 광고에 대해 공정위가 엄격한 법 적용을 통해 처벌을 강화하고 있다. 비교적 낮은 수준의 경고보다는 공표명령과 함께 과징금, 검찰고발까지 비교적 높은 수준으로 제재하는 건수가 증가하고 있다. 로또복권 외에도 다양한 종류의 복권이 성행하고 있는 요즘, 반드시 공정위의 강력한 제재 때문이 아니더라도 사업자들 스스로 법 준수 인식을 확대하고, 소비자들이 합리적인 구매선택을 할 수 있도록 정확한 정보와 사실을 제공해 주기를 바라본다.

08

카셰어링 이용,
동승 운전자가 사고 내면
보험처리 안 된다?

직장인 A는 카셰어링을 이용하면서 차 내에서 비타민 흡입제를 폈다. 그런데 그 모습이 담배 피우는 것으로 사진이 찍혔고, 카셰어링 업체 측은 확인도 없이 페널티를 부과하면서 등록된 고객카드로 임의 결제를 하였다.

학생 B는 자신의 명의로 카셰어링 예약을 했고, 자신의 친구인 C를 추가 운전자로 지정하여 차량을 대여한 후 예약자 없이 C가 단독으로 운행하다 사고가 발생하였다. 카셰어링 업체 측은 예약자와 동승하지 않았다는 이유로 보험적용이 안된다고 하였다.

공유경제 … 공간·교통·물건 등의 유형자원을 넘어 지식·재능·경험 등 무형자원의 공유로 영역 확장

카셰어링은 차량을 예약하고 자신의 위치와 가까운 주차장에서 차를 빌린 후 반납하는 제도로, '공유경제'라는 신유형 사업영역이다. '공유경제'란 한 번 생산된 자원을 여럿이 공유하여 사용함으로써 자원활용을 최적화하는 협업소비의 가치를 중시하는 경제 개념이다.

규모의 경제를 바탕으로 크기 위주의 성장을 중요시하였던 그동안의 일반적인 경제 개념과는 달리, 공유경제는 참여자들 사이의 신뢰를 바탕으로 자원의 효율적 배분에 그 가치를 둔다.

이러한 공유경제의 영역은 공간(사무실, 집), 교통(자동차, 자전거), 물건(의류, 도서, 장난감) 등의 유형자원을 넘어 자신만이 가지고 있는 지식이나 재능, 경험 등 무형자원의 공유에까지 그 영역이 확장되고 있다.

급성장한 카셰어링 서비스, 이용자들의 불만도 급증 …
공정위가 불공정약관 조항 시정

공유경제의 대표적인 모델로 꼽히는 카셰어링 산업은 급성장하고 있고, 업계에 따르면 2011년 9월 국내에 카셰어링 서비스가 처음 도입된 이후 매출액이 올해 약 3,200억 원으로 매년 100%씩 고속 성장하고 있다.

이처럼 카셰어링 서비스 이용이 급격히 증가하고 있는 가운데, 이를 이용하는 소비자들의 불만 또한 늘어나고 있으며, 공정거래위원회는 4개 카셰어링 업체의 '자동차 대여 약관' 및 '회원 이용 약관'을 심사하여 16개 유형의 불공정 약관 조항을 시정했다.

벌금·페널티 금액 자동 결제는 불공정한 약관 …
고객에게 고지 및 협의 후 부과하도록 수정

대표적으로 벌금·페널티 금액 자동 결제 조항을 시정했다. 시정 전에는 페널티 금액·벌금 부과 시 고객이 등록한 카드로 자동 결제되도록 규정했다. 하지만 이러한 조항은 사업자가 페널티 부과 사항이라고 판단하기만 하면 사업자 임의로 결제가 가능하도록 하여 고객에게 부당하게 불리한 조항에 해당한다(약관규제법 제6조 제2항 제1호).

즉, 페널티·벌금 등이 등록된 카드로 자동 결제됨에 따라 고객은 페널티 부과 사유의 정당성이나 부과금액의 적정성 여부 등에 대해 항변할 기회도 없이 사업자가 정한 그대로 부담할 수밖에 없다.

따라서, 공정위는 해당 조항을 페널티 요금, 범칙금 및 과태료 등이 발생한 경우 고객에게 고지 및 협의 후 결제가 진행되게 수정하도록 하였다.

지정한 동승 운전자가 사고 낸 경우 보험처리 불가는 불공정한 약관 … 동승운전자의 사고도 보험처리 가능하도록 수정

또한, 임의로 보험처리를 제한하는 조항도 시정했다. 시정 전에는 사고 발생 후 고객이 회사에 즉시 통보하지 않거나 서류 제출 등에 협조하지 않을 경우, 계약자 없이 동승 운전자가 단독으로 운행하는 경우 보험처리를 제한하였다. 하지만 이러한 조항은 고객이 계약의 거래 형태 등 제반 사정에 비추어 예상하기 어렵거나, 고객에게 부당하게 불리한 조항에 해당한다(약관규제법 제6조 제2항 제1호 및 제2호).

즉, 사고 발생 시 보험처리 여부는 사업자와 보험회사가 체결한 보험계약에 따라 결정되는 것이지, 단지 사고 발생 사실을 즉시 통보하지 않았다거나 자료 제출 등에 협조하지 않았다는 것만으로 보험 적용을 배제(제한)할 수 있는 것이 아니다. 이는 사고의 책임을 일률적으로 고객에게 전가하는 것으로밖에 볼 수 없고, 자동차 보험이 적용되는 일반적인 거래형태 등에 비추어 예상하기도 어렵다.

동승 운전자도 회사의 운영 정책상 계약자와의 동승이라는 요건이 추가된 것일 뿐 보험 약관상 기명피공제자에 해당하므로, 동승 운전자의 사고로 인한 손해 역시 보험처리가 가능하도록 하는 것이 타당하다. 그런데 동승 운전자의 단독 운전으로 사고 발생 시 보험처리를 제한하는 것은 계약자와 추가로 지정·등록한 운전자가 반드시 동승해야 한다는 회사의 운영 정책적인 측면만을 강조하여 보험 약관에서 보장하고 있는 손해의 범위를 사업자가 자의적으로 축소하는 것으로 불공정하다.

따라서, 공정위는 해당 조항을 삭제하거나 보험처리가 가능하게 수정하도록 하였다.

불공정 약관 관련 정보의 빠른 제공으로 공유 시장에서의 공정한 거래문화 확립되기를

최근 카셰어링 서비스 이용이 급격히 증가하고 있는 가운데, 이러한 공정위의 약관 시정조치는 카셰어링을 이용하는 소비자의 권익을 한층 보호해 줄 것으로 기대된다.

하지만, 이러한 공정위의 시정조치에도 불구하고 카셰어링 서비스를 이용하는 고객들의 불만사항은 여전한 것으로 보인다. 결국 공정위가 앞으로도 공유 서비스 분야의 새로운 거래 약관을 지속적으로 점검하여 시정해 나가는 것도 중요하지만, 아울러 새롭게 시장에 진출하려는 사업자와 서비스 이용이 생소한 이용자에게 불공정 약관 관련 정보를 빠르게 제공하여 급속하게 성장하고 있는 공유 시장에서 공정한 거래문화가 확립되기를 바라본다.

09

소가죽인 줄 알고 팔았는데
인조가죽, 누구 책임?

공동 할인 구매사업자(소셜커머스)인 A는 자신이 운영하는 사이버몰을 통해 '○○ 서류가방'을 판매하면서, 상품 판매화면 등에서 해당 상품을 천연소가죽 제품으로 표시하여 광고하였으나, 사실은 인조가죽 제품이었다. 하지만, 해당 상품의 실제 판매자는 납품업자 B로 견적서상 재질이 사실인지를 확인하는 샘플 검토 시 A의 검수정책을 통과하기 위해 실제 판매하는 상품과 달리 천연가죽으로 제작된 허위 샘플을 제출하였고, A는 이를 충분히 검증하지 못한 채 상품을 출시하여 광고를 진행한 것이었다.

이처럼 B의 적극적인 기망행위로 인해 허위광고를 하여 소비자가 손해를 입은 경우, A가 그 책임을 져야 할까.

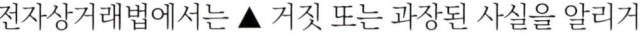

공정위 …
A의 행위는 거짓된 사실을 알려 소비자를 유인하거나
소비자와 거래한 행위라고 판단

전자상거래법에서는 ▲ 거짓 또는 과장된 사실을 알리거나 기만적 방법을 사용하고, ▲ 이를 통해 소비자를 유인하거나 소비자와 거래하는 행위를 금지하고 있다(전자상거래법 제21조 제1항 제1호).

우선, A는 상품 판매화면 등에서 '○○ 서류가방'을 천연소가죽 제품으로 표시하여 광고하였으나 사실은 인조가죽 제품이었으므로, 거짓된 사실을 알린 점이 인정된다.

다음으로, 소비자들은 인조가죽 제품보다는 천연소가죽 제품을 더 선호하고 다소 높은 가격을 지불하고도 구매하려는 경향이 있고, 비대면 거래라는 통신판매의 특성상 소비자는 A가 제공하는 상품정보에 의존하는 제한된 거래환경에 놓이게 되는데 인조가죽 제품인 '○○ 서류가방'을 천연소가죽 제품으로 알린 A의 행위는 소비자로 하여금 해당 상품을 천연소가죽 제품으로 잘못 알도록 하여 거래에 이르도록 유인한 행위에 해당한다.

위와 같은 이유로, 공정위는 A의 행위가 거짓된 사실을 알려 소비자를 유인하거나 소비자와 거래한 행위에 해당한다고 판단하여 시정명령과 함께 과태료를 부과했다.

서울고법 …
B의 적극적인 기망행위로 인한 것일지라도 A의 의무해태를 탓할 수 없는 정당한 사정을 인정하기는 어려워

A는 위와 같은 공정위의 판단에 대해 서울고법에 불복하는 소송을 제기했고, 설령 그렇다고 하더라도 B가 허위상품 견적서를 제출하는 등 A를 적극적으로 기망하였고, A는 의무해태 없이 상품 샘플, 사업자등록증, 상표권 등록증, 상품견적서를 검토하는 등 엄격한 검수절차를 거쳤으나 B의 기망행위로 인하여 이를 발견할 수 없었으며, A에게 제품 모두의 진위 여부까지 파악하여야 할 의무가 있다고 보기 어렵다고 주장했다.

서울고법은 이에 대해 A에게 전자상거래법 제21조 제1항 제1호 위반에 관한 의무해태를 탓할 수 없는 정당한 사유가 있다면 공정위의 처분이 위법하다고 볼 수도 있으나, A가 위 규정 위반에 관한 A의 의무해태를 탓할 수 없는 정당한 사유가 있다고 근거로 들고 있는 위 사정들, 즉 A가 상품 샘플, 사업자등록증, 상표권 등록증, 상품견적서를 검토하였고, B가 A를 기망하였다는 점의 사정만으로는 A의 의무해태를 탓할 수 없는 정당한 사유가 있다고 인정하기 어렵다고 보았다.

매출 치중보다는 상품 검증 등 소비자의 신뢰를 얻기 위한 자율규제 노력 필요

소셜커머스는 높은 할인율과 단기의 구매기간을 제시하여 충동구매를 유인하는 특성을 가지고 있으므로, 품질이 우수한 것으로 소비자를 현혹하는 것에 주의할 필요가 있다. 특히, 가격할인율, 원산지, 원재료 등을 허위과장하여 제재받은 사례가 많으므로 소비자들은 이를 꼼꼼히 살펴 구매하는 것이 필요하다. 또한 정품이 아닌 위조상품 구매, 구매자 수 부풀리기, 구매후기와 상품평을 허위로 작성한 경우도 있으므로 주의를 요한다.

비록 A는 B의 위계에 의해 사건의 발단이 되었고, 이후 소비자들에게 환불 및 보상조치, 사과문 발송 등 소비자들의 피해구제를 위해 노력을 했지만, 전자상거래법상의 통신판매업자로서 소비자들에 대해 모든 책임을 질 수밖에 없으므로, 이를 예방하기 위해 정품 인증서, 수입신고 필증 확인 등 상품검수 강화에 더욱 신경을 쓸 필요가 있을 뿐만 아니라, 소비자의 신뢰를 얻기 위한 자율적인 규제 노력에도 힘쓸 필요가 있다.

10

'공인중개사 시험,
명중률 99%' 광고의 진실

온라인 강의 사이트 운영 사업자인 A사는 공인중개사 자격증 화면을 통해 "제○○회 공인중개사 신이 내린 명중률 99%", "감히 따라올 수 없는 명중기록! 전과목 200문제 중 198문제를 맞히다." 등으로 표시·광고했다. 이와 관련하여 A사는 명중률 산정의 근거나 기준을 별도로 표시하지는 않고, '명중률 자세히 보기'를 통해 실제 시험문제와 유사한 자신의 교재의 문제를 소비자들이 확인할 수 있도록 하였다. 그러나 A사가 실제 명중률을 산정할 때에는 시험문제와 유사한 문제가 없더라도 관련 내용이 교재에 언급되어 있으면 시험문제를 맞춘 것으로 계산한 것으로 드러났다.

이처럼 실제로는 관련 내용이 교재에 언급만 되어도 적중한 것으로 계산하였음에도 불구하고, 마치 자신의 예상 문제 대비 출제된 시험 문제 비율로 적중률을 계산한 것처럼 "명중률 99%" 등으로 표시한 경우, 거짓·과장 광고 등을 통한 소비자 유인행위에 해당할까.

광고가 허위나 거짓인지 여부는
보통의 주의력을 가진 일반 소비자 기준으로 판단

A사의 행위가 전자상거래법 제21조 제1항 제1호의 거짓 또는 과장된 사실을 알리거나 기만적 방법을 사용하여 소비자를 유인 또는 소비자와 거래하는 행위에 해당되기 위해서는, ▲ 소비자에게 거짓 또는 과장된 사실을 알리거나 기만적 방법을 사용하여야 하고, ▲ 그러한 행위를 통하여 소비자를 유인 또는 거래한 경우가 성립해야 한다.

참고로, 소비자는 광고에서 직접적으로 표현된 문장, 단어, 디자인, 도안, 소리 또는 이들의 결합에 의하여 제시되는 표현뿐만 아니라 거기에서 간접적으로 암시하고 있는 사항, 관례적이고 통상적인 상황 등도 종합하여 전체적·궁극적 인상을 형성하므로, 광고가 소비자를 속이거나 소비자로 하여금 잘못 알게 할 우려가 있는지는 보통의 주의력을 가진 일반 소비자가 그 광고를 받아들이는 전체적·궁극적 인상을 기준으로 하여 객관적으로 판단하여야 한다.

A사의 행위는 거짓·과장 또는 기만적 광고로 소비자를 유인한 행위 … 시정명령과 함께 과태료 부과

공정위는 A사가 취업이 절박한 취업 준비생에게 거짓·과장 및 기만적 광고행위를 하여 비교적 고가의 자격증 취득 관련 온라인 강의를 판매하였다고 보고, 시정명령과 함께 과태료를 부과했다.

즉, "명중"의 사전적 의미는 화살이나 총알 따위를 겨냥한 곳에 정확히 맞춘다는 의미이고, 시험문제를 정확히 맞추었다고 하면 일반적으로 해당 시험문제와 상당히 유사한 질문과 지문으로 이루어진 문제를 미리 예상하였다는 의미로 받아들여진다. 실제로 A사의 "명중률 자세히 보기"에서도 시험문제와 유사한 A사의 교재 내 문제만 우선적으로 확인할 수 있어, 일반 소비자로서는 A사의 명중률 산정의 기준이 시험문제 대비 예상문제라고 인식할 수밖에 없었다.

그러나 A사는 명중률 산정의 근거나 기준에 대한 아무런 설명도 없이 실제 시험문제와 유사한 문제가 없더라도 관련 내용이 교재에 언급되어 있으면 시험문제를 맞춘 것으로 계산함으로써, 결과적으로 일반 소비자가 생각하는 명중률보다 자신의 명중률을 과도하여 산정하였다. 따라서 A사가 객관적인 근거나 기준에 대한 설명도 없이 "명중률 99%" 등으로만 표시한 행위는 거짓 또는 과장된 사실을 알리거나 소비자가 재화 또는 용역을 구매하는 데 영향을 미칠 수 있는 사실의 일부를 은폐·누락 또는 축소하는 행위에 해당한다.

또한, 자격증 취득을 위한 강의를 제공하는 사업자의 시험문제 명중률은 사업자의 신뢰도에 대한 정보에 해당되며, 이는 소비자의 구매선택 여부에 큰 영향을 미친다. 따라서 A사가 자신의 시험문제 명중률에 대하여 거짓 또는 과장된 사실을 알리거나 명중률 산정 근거의 기준 전부 또는 일부를 은폐·누락하거나 또는 축소하는 행위는 자신의 신뢰도에 대한 소비자의 평가 가치를 증대시켜 상품을 구매하도록 소비자를 유인 또는 소비자와 거래하는 행위에 해당된다.

사업자는 구체적인 근거나 기준 표시하고, 소비자는 꼼꼼히 따져보는 관행 정착 기대

이러닝(e-learning) 사업은 인터넷 및 전파(위성)방송 등을 통해 온라인 교육을 제공하는 서비스 사업과 온라인 학습을 위한 솔루션(소프트웨어 및 IT 서비스) 사업, 온라인 교육콘텐츠 사업을 모두 포함하는데, A사가 영위하고 있는 온라인 교육 서비스 사업의 시장규모는 2017년 약 2조 6,223억 원으로, 온라인 교육 서비스 사업의 거래대상별 매출분포는 사업체 대상 38.3%, 일반 개인 대상 36.0%, 교육기관 12.8%, 공공기관 12.1% 등이다.

본 사안은 이러닝 사업에서 자격증뿐만 아니라 어학 등 전반적인 온라인 강의시장에서의 거짓·과장 및 기만적 광고 관행에 제동을 건 조치로, 특히 사업자는 자신의 신뢰도에 대한 객관적인 지표를 표시할 경우 구체적인 근거나 기준을 표시하여 소비자가 이를 쉽게 알 수 있게 하고, 소비자 역시 이를 꼼꼼히 따져보는 관행이 정착될 수 있기를 기대해 본다.

11

숙박 앱 후기와 추천 숙박업소, 믿어도 될까

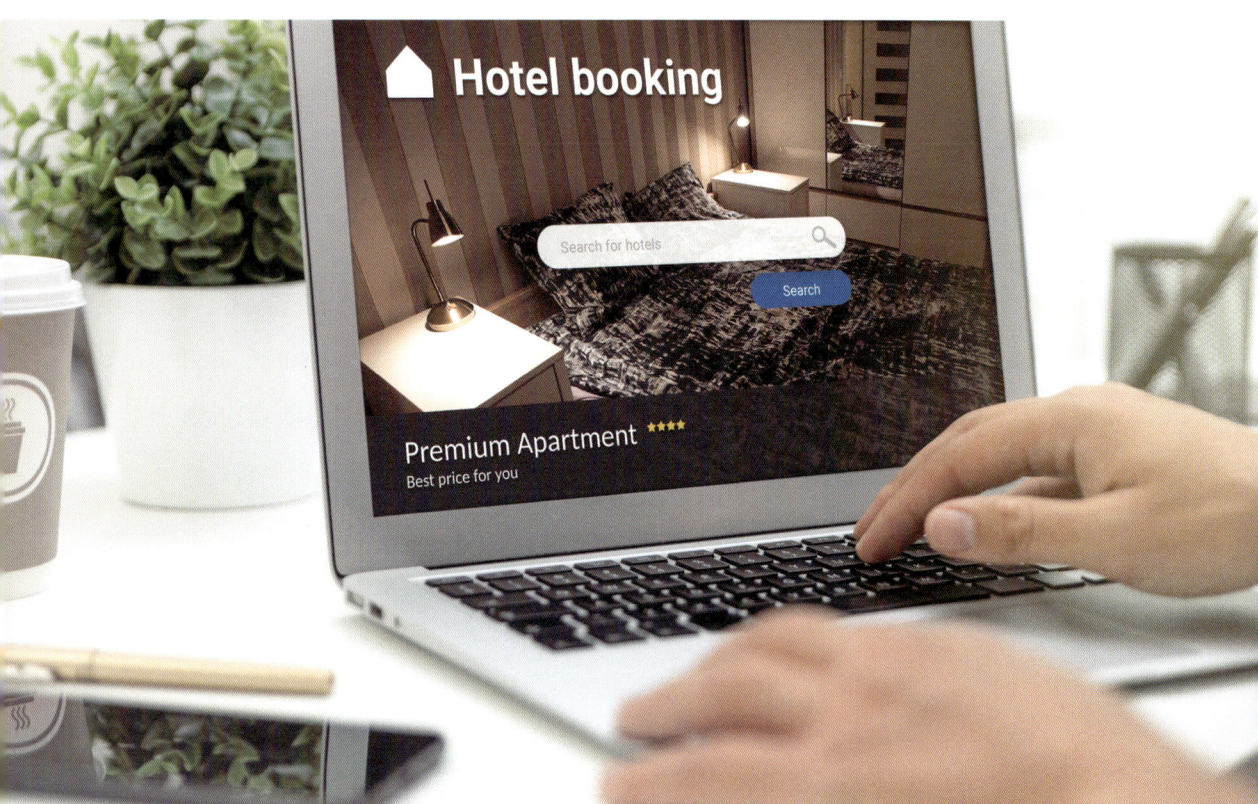

숙박 앱 사업자인 A는 이용자가 작성한 숙박업소(모텔) 이용후기 중 "시설(청소 상태 등)·서비스(종업원의 친절도 등)가 만족스럽지 않았다."는 내용의 후기를 해당 숙박업소의 요청에 따라 비공개로 전환하여 다른 이용자들이 볼 수 없도록 하였다. 또한 A는 숙박 앱 초기화면의 '추천숙소' 영역에 자신이 판매하는 광고상품을 구입한 숙박업소를 시설·서비스가 우수하고 인기가 많은 것처럼 게시하였다.

O2O 서비스(숙박 앱) 시장의 지속적인 성장 ⋯ 오프라인 매장에서 판매되는 재화나 서비스를 온라인 소비자와 연결하여 구매 유도

숙박 앱이란 스마트폰의 대중화에 따라 등장한 모바일 기반 Online to Offline(O2O) 서비스의 하나로서 스마트폰으로 모텔 등 오프라인 숙박업소를 예약할 수 있도록 중개해 주는 응용 프로그램으로, 이용자가 선택한 지역의 숙박업소를 보여주거나 또는 스마트폰의 위치정보를 이용하여 자동으로 이용자 주변의 숙박업소를 가까운 순으로 분류하여 보여준다.

이러한 숙박 앱은 숙박업소의 시설 및 이용요금, 이용자의 이용후기 등의 정보제공과 함께 예약·결제 등의 서비스를 제공하며, 이 과정에서 숙박 앱 사업자는 중개의뢰자인 숙박업소로부터 예약금액 당 일정 비율로 부과되는 예약대행 및 결제 대행 수수료, '추천숙소' 등 앱 화면 상단에 노출되기 위해 지불하는 광고비 등을 받아 수익을 얻는다.

전자상거래법 제21조 제1항 제1호 ⋯ 기만적 방법을 사용하여 소비자를 유인하는 행위 금지

전자상거래법 제21조 제1항 제1호 전단에서는 전자상거래를 하는 사업자가 '거짓 또는 과장된 사실을 알리거나 기만적 방법을 사용하여 소비자를 유인 또는 소비자와 거래하는 행위'를 금지하고 있으며, 이에 해당하기 위해서는 ▲ 전자상거래를 하는 사업자가 소비자에게 거짓 또는 과장된 사실을 알리거나 기만적인 방법을 사용하여야 하고, ▲ 소비자를 유인 또는 소비자와 거래하여야 한다.

'기만적 방법을 이용하여 소비자를 유인하는 행위'란, 소비자가 재화 또는 용역을 구입하는데 영향을 미칠 수 있는 사실의 전부 또는 일부를 은폐·누락하거나 축소하는 등의 방법으로 소비자의 주의나 흥미를 일으키는 행위 자체를 말하며, 이러한 유인행위가 성립하기 위해서는 소비자를 속이거나 소비자로 하여금 잘못 알게 할 우려가 있는 행위만으로 충분하고, 그 행위로 소비자가 유인되는 결과가 발생해야 하는 것은 아니다.

한편, 그 행위가 소비자를 속이거나 소비자로 하여금 잘못 알게 할 우려가 있는지 여부는 보통의 주의력을 가진 일반 소비자가 당해 행위를 받아들이는 전체적·궁극적 인상을 기준으로 하여 객관적으로 판단한다.

불만족 이용후기 비공개 행위 ⋯ 기만적 소비자 유인행위에 해당

불만족 이용후기 비공개 행위의 경우, ▲ A가 이용자가 작성한 후기 중 불만족 이용후기를 비공개한 행위는 판매에 불리한 사실을 축소·은폐하는 것으로, 소비자에게 기만적 방법을 사용한 것에 해당한다.

또한, ▲ 숙박 앱을 통하여 숙박업소를 예약하는 소비자는 직접 숙박업소의 시설이나 서비스를 확인할 수 없으므로 해당 숙박업소를 이용한 다른 소비자의 평가 등이 담긴 이용후기가 구매결정에 있어 중요한 요소로 작용하며, 아울러 숙박시설 이용자들이 직접 작성한 해당 숙박시설 및 서비스에 대한 좋은 이용후기는 소비자가 해당 시설의 품질이나 서비스가 우수한 것으로 오인하여 선택하도록 유도할 가능성이 높기 때문에, A의 행위는 소비자로 하여금 해당 숙박업소의 시설이나 서비스가 우수한 것으로 오인하도록 하여 소비자를 유인한 행위에 해당한다.

광고를 구입한 숙박업소의 정보를 게시하면서 광고영역이라는 사실을 표시하지 않은 행위 … 기만적 소비자 유인행위에 해당

광고를 구입한 숙박업소의 정보를 게시하면서 광고영역이라는 사실을 표시하지 않은 행위의 경우, ▲ A가 '추천숙소' 영역에 게시하는 숙박업소들을 결정하는 기준이 시설이나 서비스의 우수성, 이용자들의 만족도와 같은 객관적·경험적 기준인지 오로지 광고비 지급 여부인지는 해당 정보를 활용하여 숙박시설을 예약하려는 소비자들에게 중요한 영향을 미칠 수 있는 사실로, 만약 추천 영역에 게시되는 숙박업소가 단지 광고를 구입하였기 때문이라면 A는 이러한 사실을 소비자들에게 명확히 알려야 함에도 불구하고 이를 표시하지 않은 것은 기만적인 방법을 사용한 것에 해당한다.

또한, ▲ 비대면 거래인 전자상거래에 있어서 A가 운영하는 숙박 앱에서 '추천숙소'라는 명칭을 사용하여 숙박업소의 정보를 노출하는 행위는 소비자의 구매의사 결정에 중요한 영향을 미칠 수 있는 판매에 관한 정보제공행위로, 일반 소비자들은 해당 영역에 게시된 숙박업소의 시설이나 서비스가 우수하다고 오인하여 거래를 선택할 가능성이 높다는 점에서 소비자를 유인한 행위에 해당한다.

이처럼 비판적 내용의 후기를 소비자들이 못 보게 하고, 광고 상품을 구입한 숙박업소의 시설이나 서비스 등이 우수한 것처럼 표시하여 소비자를 유인한 숙박 앱 사업자 A에 대하여 공정위는 시정명령과 함께 과태료를 부과했다 (공정거래위원회 2017. 5. 30. 의결 2017-070호).

숙박 앱 이용자들이 진실된 이용후기와 정확한 정보를 참고하여 합리적인 구매를 할 수 있기를 기대

국내 모텔 숙박 앱 시장은, 2011년 5월 최초로 숙박 앱이 출시되면서 최근까지 급속도로 성장하고 있으며 앞으로도 증가할 것으로 예상되고 있다. 더욱이 최근에는 외국인 관광객 수용 목적 등으로 호텔에 뒤지지 않는 서비스와 시설을 갖춘 모텔이 증가하고 있고, O2O 서비스 이용자가 증가하면서 모텔 외에 호텔, 팬션, 게스트 하우스 등도 숙박 앱을 이용한 영업에 참여할 것으로 예상된다.

이처럼 대표적인 온·오프라인 연계서비스(O2O)인 배달 앱에 이어 숙박 앱까지 비판적 이용후기를 못 보게 하거나 광고 상품을 구입한 업체의 시설이나 서비스를 우수한 것처럼 표시하여 소비자를 유인하는 등 기만적 행위가 시정되어, 이제는 숙박 앱의 이용자들이 진실된 이용후기와 정확한 정보를 참고하여 합리적인 소비를 할 수 있기를 기대해 본다.

12

중고로 구매한 제품에서
'하자' 발견, 환불 가능할까

중고거래 커뮤니티에서 스팀오븐을 구입한 A(38). 제품 외관에는 이상이 없었지만, 특정 버튼이 제대로 작동하지 않는 점을 발견했다. 판매자에게 연락해 환불을 요청했으나, 오작동 여부에 대해서는 모르는 일이라며 이후 연락을 피했다. A는 판매자를 상대로 환불을 받을 수 있을까?

원칙적으로 중고거래는 개인 간 거래이기 때문에 전자상거래 등에서 보장하는 소비자 보호에 관한 법률상 청약 철회 등의 적용을 받지 못한다. 다시 말해, 중고거래에서 구매자가 환불을 요구해도 판매자가 이를 따를 의무가 없다. 다만, 예외는 있다. 중고거래임에도 목적물에 '하자'가 있다면 환불을 요구할 수 있다.

대법원에서는 하자의 의미를 매매 목적물이 거래통념상 기대되는 객관적 성질·성능을 결여하거나, 당사자가 예정 또는 보증한 성질을 결여한 경우로 정의한바 있다(2000. 1. 18. 선고98다18506 판결). 하자가 있는 중고 물품을 판매한 이는 '하자담보책임'을 지게 되는데, 하자로 물품이 제 기능을 어느 만큼 할 수 있는가에 따라 부담의 정도가 달라진다.

하자로 제 기능을 하지 못하는 물품과 관련해서는 수리 비용과 가치 하락분에 대한 손해를 판매자에게 청구하는 '손해배상청구'와 거래를 원래부터 없던 상태로 돌려놓는 '매매계약 해제' 모두 요구할 수 있다. 중고 물품에 하자가 있지만 기능에 문제가 없을 때는 오직 손해배상청구만 할 수 있다. 단, 하자가 있음을 안 날로부터 6개월 내 권리 행사를 해야 한다는 조건을 지켜야 한다.

구매자가 하자담보책임을 판매자에게 물을 수 없는 예외도 있다. 민법 제

580조에 따르면 구매 당시부터 제품 하자를 인지했거나, 구매자 과실로 하자를 알지 못했다면 판매자에게 하자담보책임을 물을 수 없다.

소비자분쟁해결기준에 따르면 판매업자가 품질 보증에 관한 사항을 명시적으로 소비자에게 고지하지 않았다면, ▲ 보증기간(보증기간을 명시적으로 고지하지 않으면 통상 6개월) 이내에 정상적인 사용상태에서 성능·기능상의 하자가 발생하면 무상수리를 해주거나 또는 수리비를 보상하고, ▲ 보증기간 이내에 제품의 주요 기능과 관련한 동일 하자로 2회까지 수리하거나 여러 부위의 고장으로 3회까지 고쳤어도 하자가 재발했다면 구입가로 환급받을 수 있다.

한편, 입금 후에도 판매자가 제품을 보내지 않는다면 형법상 사기죄에 해당할 수 있으나, 늦더라도 제품을 보내게 된다면 이런 혐의로 형사고소는 어렵다.

중고거래는 구매자와 판매자 사이의 정보 격차, 개인 간 불투명한 신용 등을 전제로 하는 특성상 리스크(위험)가 존재할 수밖에 없다. 향후 환불을 받으려면 구매 전 제품의 하자를 인지하는 것이 관건이며, 택배 거래보다 직거래 방식을 통해 구입하는 것이 보다 안전하다.

만약을 대비해 거래 시 판매자와 주고받은 문자 등의 기록을 잘 보관해두면, 하자로 분쟁이 발생했을 때 소액심판제도를 통해 더욱 빨리 권리구제를 받을 수 있다.

13

선물 받은 기프티콘,
유효기간 지나도 살릴 수 있을까

요즘에는 생일과 기념일 등 특별한 날을 축하하며 모바일 상품권을 선물하는 이들이 많다. 모바일 상품권은 종이로 된 지류 상품권과 비교해 훨씬 간편하게 결제하고 사용할 수 있기 때문이다. 누구나 스마트폰에 해당 애플리케이션만 설치하면 시간과 장소에 구애받지 않고 자신의 마음을 전할 수 있어서 편리하다. 필자 역시 친구나 지인의 생일 선물로 모바일 상품권 서비스를 자주 이용하고 있다.

　　간편함을 특성으로 빠르게 성장해 온 모바일 상품권 시장이지만, 부정적인 측면도 있다.

　　모바일 상품권에는 보통 유효기간이 있다. 하지만 바쁘게 생활하다 보면 선물 받은 사실을 깜빡한 채 유효기간을 넘길 때가 많다. 통계에 따르면 지난 5년간 환급되지 않은 모바일 상품권의 금액 규모는 약 322억 원이라고 한다. 이른바 '잠자고 있는' 모바일 상품권이 넘쳐나는 이유는, 사업자들이 마음대로 유효기간을 설정할 수 있는 데다 그마저도 짧게 설정하는 사례가 많았기 때문이다.

　　이러한 문제점을 시정하기 위해 공정거래위원회는 모바일 상품권의 이용약관을 개정한 바 있다.

　　모바일 상품권은 현금에 준하는 결제수단으로, 물품이나 용역을 사업자로부터 제공받기 전에 소비자가 사업자에게 대금을 먼저 결제한다는 특성이 있다. 따라서 유효기간을 짧게 설정하여 상품권을 사용할 권리를 과도하게 제한하게 되면, 소비자는 대금을 먼저 지불하고도 물품이나 용역을 제대로 제공받지 못할 수 있다.

이제 모바일 상품권의 유효기간은 물품 교환형은 발행일로부터 3개월, 금액형은 1년이 각각 기본으로 설정됐다. 또 3개월 단위로 5년까지 연장할 수도 있다. 기프티콘 등 금액형 상품권의 사용 횟수 제한은 없어졌으며, 유효기간 연장과 잔액 환불도 보장됐다. 유효기간 만료 임박 사실과 기간 연장 방법도 소비자에게 알리도록 하였다.

소중한 사람이 선물해준 모바일 상품권, 유효기간이 지났다고 잠재우지 말고 기쁘게 활용하길 바란다.

14

코로나19로 인한
결혼식 연기와 돌잔치 취소,
위약금 내야 할까

◗ 예식장을 예약한 예비신랑 A씨는 코로나19가 크게 확산되자 결혼식을 내년으로 미루기로 결정했다. 하지만 예식장 측에서는 올해 예식을 하면 위약금을 내지 않아도 되지만 내년에 하면 위약금을 내야 한다고 한다.

◗ 올해 5월 말 돌을 맞이하는 딸을 둔 아빠 B씨는 예약하기 어려운 연회장을 미리 예약하기 위해 작년 12월에 예약을 하였는데, 최근 코로나19로 인해 돌잔치하는 것을 포기하고 연회장 예약을 취소하기로 결정했다. 하지만 연회장 측에서는 해약을 할 경우 50%의 위약금을 내야 한다고 한다.

코로나19로 인해 예식·여행 등 분야 위약금 분쟁이 증가했다. 이에 소비자들은 계약서 관련 조항을 꼼꼼하게 확인하고, 공정거래위원회 고시인 소비자 분쟁해결 기준 등을 잘 참조할 필요가 있다.

공정거래위원회 고시인 소비자 분쟁 해결 기준에서는 주요 업종별로 계약 해제에 따른 위약금 부과 기준을 규정하고 있다. 다만, 소비자 분쟁 해결 기준은 소비자 기본법(제16조)에 따라 당사자 간 별도의 의사 표시가 없는 경우에 한해 분쟁 해결을 위한 합의 또는 권고의 기준이 되므로, 사업자에게 법적 강제력은 없다.

띠라서, 당사자 간 계약이나 약관이 별도로 있는 경우 해당 계약이나 약관의 내용이 소비자 분쟁 해결 기준보다 우선 적용되므로, 소비자들은 사업자와 체결한 계약이나 약관의 내용을 반드시 확인할 필요가 있다.

예를 들어, 예식업의 경우 소비자의 귀책사유로 인한 계약해제를 할 때 예식예정일 90일 전까지 계약해제 통보시 계약금을 환급받을 수 있고, 반면 예식예정일 30일 전까지 계약해제 통보 시 총 비용의 20%를 배상받을 수 있도록 규정하고 있다.

만약 당사자 간 합의가 이루어지지 않으면 소비자는 한국소비자원에 피해 구제 신청을 할 수 있다. 피해 구제 신청이 접수될 경우 당사자 간 체결한 약관의 내용을 우선적으로 고려하되, △ 코로나19로 인해 계약 이행이 실제로 어려운 상황인지, △ 사업자가 부과하는 위약금이 소비자 분쟁 해결 기준이나 표준약관에 비해 지나치게 과도하여 소비자에게 일방적으로 불리한 수준인지 등을 종합적으로 감안하여 필요한 경우 사업자 및 소비자에게 위약금 조정 등 합의안을 제시·권고하도록 하고 있다.

결국, 소비자들은 계약서상 예약 취소 및 위약금 관련 조항들을 꼼꼼하게 확인하여 예약 취소나 일정 연기 여부 등을 신속히 결정하여 피해를 최소화 할 필요가 있다.

특히, 예약 취소 시점에 따라 위약금 부담이 달라지는 것이 일반적이므로 취소 시점 및 부과율을 반드시 확인할 필요가 있으며, 추후 사업자와의 협의에 대비하여 계약서를 보존하고 예약 취소 시 취소 시점 및 취소 당사자 등에 대한 증빙자료를 확보해 두면 좋다.

15

코로나19 막아주는 공기청정기,
사실일까

▶ 공기청정기 판매업자 A는 "접촉, 공기 중으로 전염되어 마스크로도 막지 못하는 신종 코로나 바이러스, ○○공기청정기는 음이온으로 몸을 보호하여 미세먼지, 바이러스를 막아줍니다.", "3중 헤파필터로 초미세먼지 99%까지 완벽 제거", "각종 세균, 유해물질 99.9% 제거" 등의 문구를 사용하여 자신이 판매하는 공기청정기를 광고했다.

코로나19 확산 사태에 따라 소비자들의 불안한 심리를 이용하는 위와 같은 광고가 표시광고법에서 금지하는 거짓·과장의 광고행위에 해당할까.

표시광고법에서 금지하는 거짓·과장의 광고행위에 해당하는지 여부는 광고내용이 사실과 다르거나 사실을 지나치게 부풀렸는지 여부, 광고내용이 소비자를 속이거나 소비자로 하여금 잘못 알게 할 우려가 있는지 여부, 당해 광고로 인하여 공정한 거래질서를 저해할 우려가 있는지 여부 등을 종합적으로 고려하여 판단한다.

예를 들어, 자기의 생산규모가 국내에서만 가장 큰 규모인데도 "세계최대의 규모"라고 광고하는 경우, "휘발유 1L로 OOkm 주행"이라고만 하고 그것이 혼잡한 시내에서의 기준인지 또는 고속도로에서의 기준 등인지를 분명히 밝히지 않은 경우, 공기청정 제품에 대해 극히 제한적인 실험조건에서 확인된 것에 불과한 "유해물질 99.9% 제거"등의 실험결과만을 강조함으로써 일상생활에서도 그와 같은 성능을 발휘할 것처럼 광고하는 경우 거짓·과장의 광고행위에 해당한다.

위와 같은 광고행위는 공기청정기의 실제 성능을 과장하거나 제한 조건을 축소한 광고가 소비자들에게 공기 청정 제품의 유해물질 제거 성능을 잘못 알리고 과장된 인상을 전달할 우려가 높으므로 표시광고법에서 금지하는 거짓·과장의 광고행위에 해당할 수 있다.

참고로, 공정거래위원회는 "세균, 유해물질 99.9% 제거", "초미세먼지까지 완벽 제거" 등과 같이 실제 성능을 과장하거나 제한 조건을 축소한 광고가 소비자들에게 공기 청정 제품의 유해물질 제거 성능을 잘못 알리고 과장된 인상을 전달할 우려가 있다고 보고 해당 광고를 한 공기청정기 판매업자를 경고조치했고, 바이러스 패치 상품 포장지에 "사스(코로나바이러스-감기변종 바이러스) 87% 억제효과 확인", "일본식품분석센터 사이또연구소 신종인플루엔자 바이러스 사멸효과 입증" 등의 거짓·과장되게 표시한 행위에 대해서도 과징금을 부과했다.

코로나19와 관련하여 잘못된 정보가 유포되고 불안한 소비자들의 심리를 악용한 표시·광고가 늘어났다. 소비자는 자기가 구매하고자 하는 상품에 관하여 알 권리가 있고, 판매자는 자기가 판매하고자 하는 상품에 관하여 소비자에게 알릴 권리가 있는 동시에 또한 알려주어야 할 의무가 있으므로 모든 상품의 판매자는 이러한 자기의 권리와 의무를 각별히 유의할 필요가 있다.

따라서 소비자는 코로나19 예방 효과 등과 관련된 검증되지 않은 정보에 현혹되어 상품을 구매하기보다는 정확한 팩트체크 후 상품을 구매하는 것이 필요하며, 판매자 역시 불안해하는 소비자들의 심리를 악용하기보다는 정확한 정보를 제공함으로써 부디 어려운 현재 상황을 다 함께 극복해 나가기를 기대해 본다.

16

죽은 남편이 남기고 간
항공 마일리지,
아내가 사용 가능할까

◐ 사업가 A씨는 K항공사가 제공하는 항공 운송 서비스를 이용하면서 K항공사와 회원가입약정(약관)을 체결한 후 약 18만 항공 마일리지(인천에서 파리까지 운행하는 항공권 비즈니스석을 탑승할 수 있는 수준의 가치)를 적립했다. 그 후 A씨가 사망하였고, A씨의 상속인이자 아내인 B씨는 A씨가 적립한 K항공사의 마일리지를 자신이 상속받았다고 주장하면서 K항공사에 A씨의 항공 마일리지를 제공하라고 요구했다. 하지만 K항공사는 항공 마일리지의 상속은 불가능할 뿐만 아니라, A씨와 회원가입약정을 통해 상속이 불가함을 합의하였으므로 A씨의 항공 마일리지는 A씨가 사망함과 동시에 모두 소멸하였다고 하면서 A씨의 요청을 거절했다.

이러한 경우 B씨는 남편 A씨의 항공 마일리지를 상속받았다고 주장하면서 이를 사용할 수 있을까?

우선, K항공사의 항공 마일리지 제도는 상용고객 우대제도의 하나로, 이와 같은 마일리지는 일정한 조건 하에 K항공사가 제공하는 서비스와 교환할 수 있는 것으로 '재산적 가치'가 있으므로, 마일리지 이용권은 단순한 기대권을 넘어 재산권으로 볼 수 있다. 또한 마일리지 이용권은 본래 가입회원 본인의 인격으로부터 파생되는 권리도 아니며, 가입회원이 누구인지에 따라 서비스의 변경을 초래하는 것도 아니므로 귀속상의 일신전속권이라고 볼 수 없으므로, 특별한 사정이 없는 한 '상속이 가능한 권리'에 해당한다.

다만, 마일리지 이용권이 원칙적으로 상속이 가능한 권리에 해당한다고 하더라도 마일리지 이용 계약 당사자 사이의 합의에 의하여 회원의 사망 시 마일리지가 소멸한다고 규정하는 것은 허용되며, 다만 그 합의가 개별적인 합의가 아니라 K항공사가 일방적으로 마련한 마일리지 이용약관에 따른 것일 경우 그 약관이 약관규제법에 반하여 불공정한지 여부는 별도로 판단할 필요가 있다.

　사망한 회원의 마일리지는 상속될 수 없고 자동 소멸된다는 K항공사의 약관조항은 마일리지 회원인 고객에게 보장된 마일리지 이용권 상속의 자유를 제한하는 것으로 그 자체만으로는 고객에게 불리한 조항이라고 인정될 여지가 있다.

　하지만, 마일리지를 지급받은 회원이 직접 마일리지를 사용하도록 제한을 가하는 것이 상용 고객을 확보한다는 마일리지 제도의 취지에 부합하고, K항공사로서는 마일리지의 일정 비율을 부채성 충당금으로 적립하고 있어 고객들이 적립한 마일리지가 늘어날수록 부채가 늘어나게 되어 재무구조의 건전성이 악화되므로, 마일리지가 적기에 소멸되도록 촉진할 영업상 필요성이 있으며, K항공사는 회원 본인의 마일리지를 공제하여 등록된 가족에게 보너스 항공권을 발급해 줄 수 있는 가족 간 보너스 양도제도와 회원 본인의 보너스를 사용하기에 부족한 경우 부족한 만큼의 마일리지를 등록된 가족으로부터 제공받아 회원 본인의 보너스 항공권을 발급받을 수 있는 가족 간 마일리지 합산제도를 운영하고 있을 뿐만 아니라, 해외의 동종업계 관행에 따르더라도 마일리지 상속을 허용하는 것이 전세계 항공사들에게 보편화된 관행이라고 볼 수 없다는 점에서, K항공사의 약관조항이 고객에게 부당하게 불리한 조항으로 약관규제법에 반한다고 보기는 어려워 보인다.

　실제로 우리 법원도 사망과 동시에 마일리지가 소멸되고 상속을 허용하지 아니하는 취지로 규정한 약관 규정이 약관규제법에 해당하여 무효가 아니라고 판단했다(서울남부지법 2011. 2. 18. 선고 2018가합15876 판결). 공정거래위원회 역시 항공 마일리지의 양도와 상속을 금지하는 조항이 약관규제법에 반하지 않는다고 판단했다.

결국 안타깝게도 B씨는 사망한 남편 A씨의 마일리지를 상속받아 사용할 수 없어 보인다. 대부분의 항공사는 K항공사처럼 마일리지 합산이나 양도, 본인이 아닌 타인의 사용 등을 약관을 통해 금지하고 있다. 다만 일부 항공사들은 가족합산제도를 통해 마일리지 사용을 유도하고 있으나 상속의 경우 마일리지를 아예 양도하는 개념이기 때문에 허가하고 있지 않다.

코로나19 엔데믹 이후 해외여행이 급격하게 증가하면서 항공사 마일리지에 대한 관심도 늘어나고 있다. 조금은 번거롭더라도 약관을 꼼꼼하게 체크하여 그 동안 적립만 하고 사용하지 못했던 항공 마일리지를 현명하고 슬기롭게 잘 사용할 수 있기를 바란다.

17

솔깃한 SNS 후기,
'내돈내산'인줄 알았는데
'뒷광고'였어?

영화관 팝콘 비싸도 되는 이유

◗ A씨는 맛집을 찾아갈 때 SNS 검색을 하고 가곤 했는데, 얼마 전 아내와 함께 집에서 멀리 떨어진 맛집을 SNS에서 발견하고 찾아갔다. SNS에서는 맛집으로 소문난 곳으로 이 식당을 소개한 SNS 글을 보니 하나같이 칭찬 일색이었고 30분 이상 줄은 서서 기다렸지만 역시 맛집이니 그러려니 했다. 그런데 막상 음식을 먹어보니 맛이 동네 음식점보다 못했다. 1시간 이상 차를 타고 와서 30분 이상 기다린 보람도 없이 왜인지 SNS 속은 기분마저 들었다. 알고 보니 해당 식당을 소개한 SNS 글은 일부 블로거들의 대가성 글들이 도배된 이른바 '뒷광고' 글이었다.

'블로거지', '광고스타그램'. 블로거와 거지를 합친 말인 블로거지는 상품이나 식사 등의 서비스를 받고도 해당 사실을 드러내지 않고, 그 대가로 과장되거나 왜곡된 광고 글을 써주는 블로거를 말한다. 또한 인스타그램을 광고용으로 운영하는 사람들을 광고스타그램이라고도 한다.

최근 SNS를 통해 일상적인 경험을 공유하면서 소비자들에게 높은 영향력과 파급 효과를 미치는 '인플루언서'가 등장하였고, 사업자들은 인플루언서에게 자신의 제품을 사용하고 후기 글 게시를 의뢰하는 등 인플루언서를 활용한 광고 규모가 성행하고 확대되고 있다. 하지만 이러한 경제적 이해관계를 제대로 알리지 않은 일부 비양심적인 SNS 운영자들의 대가성 글 때문에 선량한 소비자들의 피해가 증가하고 있다.

이처럼 SNS에 대가 지급 사실이 제대로 표시되지 않은 글을 접한 소비자들은 이 글이 해당 사업자와 경제적 이해관계를 기초로 작성된 상업적 광고라는 사실을 전혀 눈치채지 못하고, 결국 이러한 인플루언서의 글로 인해 소비자는 합리적인 소비나 구매 결정하는 것을 방해받거나 제한받을 수 있다.

그래서, 공정거래위원회는 2020. 9. 1.부터 경제적 이해관계 공개 원칙 및 유튜브, 인스타그램 등 SNS 매체별 공개 방식과 예시 등을 규정한 '추천·보증 등에 관한 표시·광고 심사지침'을 개정하여 시행하고 있다. '경제적 이해관계'란 광고주와 경제적인 관련성을 갖는 모든 경우를 말하며, 현금, 상품권, 할인권, 적립금 등 금전적 대가를 지급하거나 상품 무료제공, 무료대여, 할인혜택 제공 등의 경우가 대표적이다. 예를 들어 미용실에서 직접 개발 제품에 대해 미용실 소속 헤어디자이너가 무료 또는 할인가로 제품을 구매하여 추천·보증하는 게시물을 올리는 경우에는 경제적 이해관계가 있다고 볼 수 있다.

이러한 경제적 이해관계는 소비자가 쉽게 볼 수 있는 위치에 표시하여야 한다. 예를 들어 사진이나 동영상 안이나 게시물의 제목 또는 첫 부분은 소비자들이 쉽게 찾을 수 있는 위치이지만, 반대로 '더보기' 등과 같이 추가적으로 클릭해야만 표시를 확인할 수 있는 경우나 댓글에 표시하는 경우에는 적절한 위치에 표시했다고 보기 어렵다. 또한 경제적 이해관계는 배경이나 다른 글자의 색과 구분되는 색을 사용하여 작성하거나 큰 글씨로 표시하여야 하며, 반면 글자 색이 배경과 유사하거나 글씨 크기가 너무 작아 알아볼 수 없는 경우에는 적절한 방법으로 표시되었다고 보기 어렵다. 한편 광고주와의 경제적 이해관계가 있음에도 없는 것처럼 또는 모호하게 표시하는 것은 경제적 이해관계를 명확하게 표시했다고 보기 어렵다. 예를 들어 '일주일 동안 사용해 보았음', '체험단', '이 글은 정보/홍보성 글임'은 명확한 내용을 표시했다고 보기 어렵다.

요즘 스마트폰부터 여행까지 제품 구매 전에 직접 사용해 본 사람들의 SNS 후기 글을 많이 참고한다. 특히 유명 연예인이나 인플루언서가 '내돈내산'했다거나 '직접 구매하여 사용'했다고 하면 소비자들은 혹하기 마련이다. 그런데 실제 후기가 아닌 금전적인 대가를 받은 광고가 사용 후기로 둔갑하면 소비자는 사실적이고 객관적인 정보를 얻을 수 없을 뿐 아니라 합리적이고 올바른 구매 선택의 기회를 잃을 수밖에 없다. 따라서 앞으로 소비자들에게 영향을 미칠 수 있는 연예인이나 인플루언서 등이라면 자율적으로 법을 준수하여 광고주와의 경제적 이해관계를 명확히 공개함으로써, 소비자들이 더 이상 기만적인 광고에 속지 않고 보다 다양하고 사실적인 상품 정보를 통해 슬기로운 소비생활이 될 수 있도록 해 주기를 기대해 본다.

18

자만추 아닌 앱만추!
데이팅 앱 믿어도 될까?

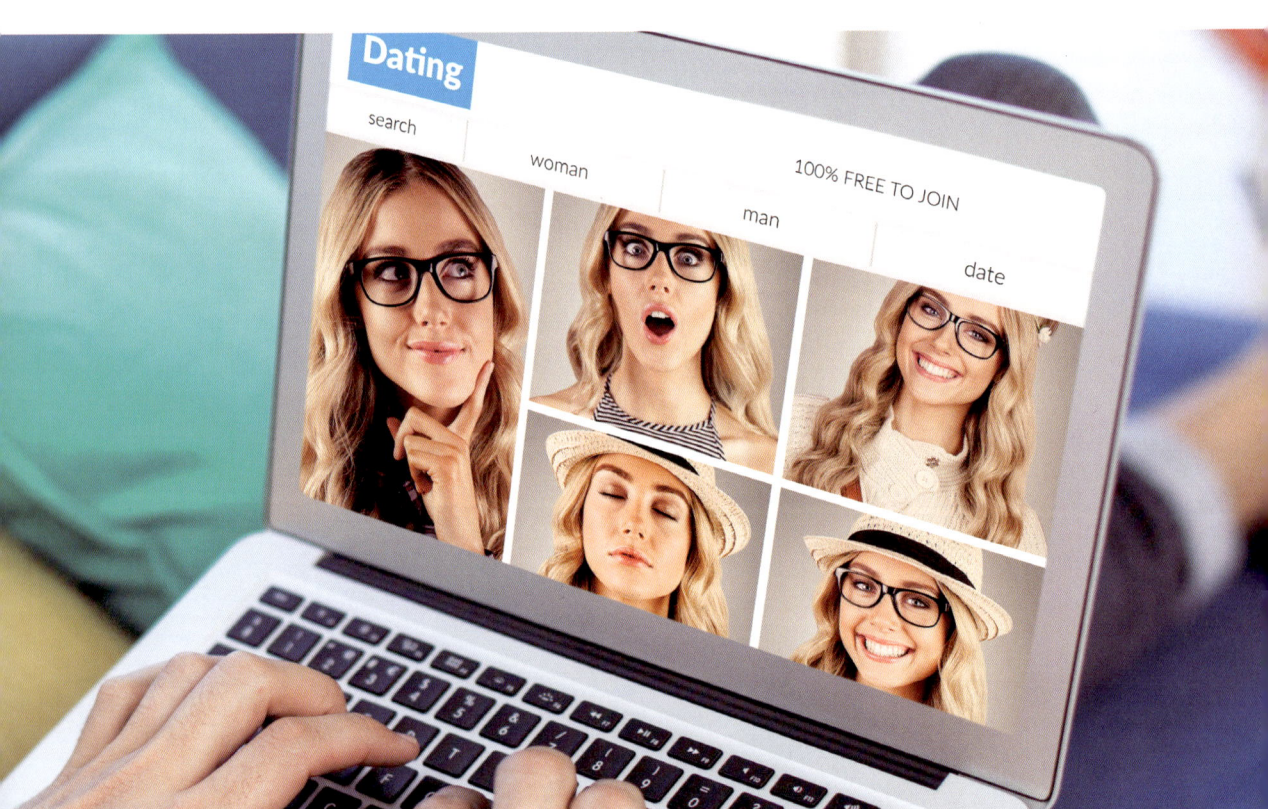

누군가의 주선으로 남녀가 일대일로 만나는 일, 소개팅! 이성을 소개받는 다는 사실에 설레기도 하지만, 지인을 통해서 소개받는 만큼 때로는 부담스럽게 느껴질 때가 있다. 그런데 최근 스마트폰의 편리함을 이용하여 소개팅의 부담감을 줄인 '소셜데이팅 서비스'가 새로운 연애 트렌드로 떠오르며 자연스럽게 연애를 시작하는 수단으로 자리매김하고 있다.

이처럼 요즘에는 이성을 만날 때 스마트폰 앱을 이용하기도 하는데, 이러한 앱을 '데이팅 앱'이라고 한다. 이러한 소셜데이팅 서비스는 온라인 데이트와 소셜네트워크 서비스가 결합된 개념으로, 20~30대 젊은 세대를 중심으로 소셜데이팅 앱 시장이 큰 폭으로 확대되고 있으며, 국내 관련 시장의 규모가 2,000억 원 이상으로 성장하고 있다.

예를 들어 소셜데이팅 사업자는 특정 알고리즘을 바탕으로 이성 간의 연결을 주선해 주는 과정에서 유료 서비스를 제공하고 있으며, 일반적으로 사업자가 회원이 입력한 신상정보 등을 바탕으로 1인 또는 복수의 이성을 소개하면 회원은 마음에 드는 이성을 선택하게 되고, 상대방 역시 자신을 선택하는 경우 실제 만남이 성사되게 되는 구조로 이루어진다.

그런데 이러한 편리함으로 데이팅 앱을 이용했다가 데이팅 앱 사업자의 불공정행위로 피해를 경험하는 사례들이 발생하고 있다.

▶ 서울 강남에 사는 대학생 A씨는 스마트폰 앱을 이용하여 이성을 소개 받기 위해 데이팅 앱을 둘러보다가 마음에 드는 이상형 사진을 보고 B앱에 바로 가입을 하고, 이성을 소개받기 위해 디지털콘텐츠도 구매했다. 하지만 알고 보니 그 사진은 B앱의 광고모델이었고, 이에 A는 구매한 디지털

콘텐츠를 환불요청했지만 B앱 사업자는 A씨가 디지털콘텐츠의 일부를 사용했다는 이유로 환불을 거절했다.

소셜데이팅 앱의 특성상 앱에 실제로 어떤 이성의 회원이 가입되어 있는지는 A씨 같은 소비자가 해당 앱에 가입하여 이를 사용할지 여부를 결정함에 있어 중요한 영향을 미칠 수밖에 없다. 그런데 B앱 사업자가 B앱에 광고모델을 마치 일반 회원인 것처럼 앱에 사진을 게시한 것은 A씨가 그 사진을 실제 회원인 것으로 오인할 가능성이 크다. 따라서 B앱 사업자의 행위는 소비자가 재화 또는 용역을 구입하는데 영향을 미칠 수 있는 중요한 사실의 전부 또는 일부를 은폐, 누락하거나 축소하는 등의 행위에 해당할 수 있다. 또한, B앱에 게시된 광고모델 사진을 보고 해당 인물이 회원으로 가입되어 있다고 생각하고 구매 여부를 결정할 가능성도 높기 때문에 A씨를 유인하였다고 볼 수도 있기 때문에, B앱 사업자의 행위는 기만적인 방법을 사용하여 소비자를 유인·거래하는 행위로 전자상거래법 제21조 제1항 제1호에 해당할 수 있다.

다음으로, 통신판매업자가 판매하는 재화등의 구매에 관한 계약을 체결한 소비자는 전자상거래법 제17조 제2항 각호의 청약철회 제한사유에 해당하지 않는 한 계약내용에 관한 서면을 받은 날 또는 재화등을 공급받은 날로부터 7일 이내에 청약철회등을 할 수 있어야 한다. 그런데 B앱 사업자가 판매하는 디지털콘텐츠는 A씨가 구매한 후 앱 내에서 일부만의 사용이 가능한 가분적인 디지털콘텐츠로, 전자상거래법 제17조 제2항 제5호 단서에 따라 소비자가 자신이 구매한 디지털콘텐츠의 일부를 사용하였다고 하더라도 사용하지 않고 남은 부분에 대해서는 계약내용에 관한 서면을 받은 날 또는 리본을 공급받은 날로부터 7일 이내에는 환불을 받을 수 있다. 따라서 B앱 사업자가 A씨에게 구매한 디지털콘텐츠의 일부를 사용하였다는 이유로 환불이 불가하다고 하는 것은 소비자에게 거짓된 사실을 알린 것이고, 통상적으로 A 씨는 이처럼 B앱 사업자가 환불이 불가능하다고 안내하는 경우 환불권 행사를 주저하거나 포기하게 될 것이므로 이는 A씨의 청약철회를 방해하는 행위에 해당할 수 있다.

실제로 공정거래위원회는 6개 이성소개앱 사업자의 거짓·과장·기만적인 광고행위 등에 대해 시정명령 및 과태료를 부과했다. 현재 국내에서는 소셜데이팅 앱이 200개 이상 출시되어 있으며, 국내 소비자지출 상위 10개 앱 중 3개가 데이팅 앱일 정도로 소셜데이팅 시장은 시공간의 제약이 없는 사용의 편리함 때문에 빠르게 성장하고 있고, 특히 스마트폰을 열어보는 횟수가 더 많아진 현대 사회에서 그 수요는 더욱 증가할 것으로 예상된다. 이에 맞춰 데이팅 앱 사업자도 소비자들이 믿고 편리하게 이성 소개 서비스를 이용할 수 있도록 관련 법 준수에 조금 더 노력해 준다면, 보다 유용하고 자연스러운 만남의 앱이 될 수 있으리라 기대해 본다.

19

'1+1' 행사는 이득일까 아니면 눈속임일까?

◉ A는 아내의 생일 준비를 위해 마트에 갔다. 마트에서 장을 보던 A는 '1+1' 행사라고 라면의 가격 옆에 빨간색 박스에 흰색 글자로 강조하여 표기한 전단지를 보고 화가 났다. 왜냐하면 얼마 전 마트에서 장을 볼 때 1개에 2,000원 하던 동일한 라면이 단지 2개로 묶인 채 4,000원으로 판매되고 있었기 때문이다.

이처럼 화가 난 A는 마트의 눈속임 광고를 과장광고라고 주장하면서 공정거래위원회에 신고할 수 있을까.

표시광고법 제3조 제1항 제1호에서 금지하는 '거짓·과장의 표시·광고'라 함은 사실과 다르거나 지나치게 부풀리는 방법으로 표시·광고하여 소비자를 속이거나 소비자로 하여금 잘못 알게 할 우려가 있는 표시·광고로서 공정한 거래질서를 저해할 우려가 있는 경우를 말하는 것으로서, △ 표시·광고 내용의 거짓·과장성, △ 소비자 오인성, △ 공정거래 저해성이 모두 인정될 때 성립한다.

이 사례와 유사한 사안에서 대법원은 "마트에서 광고를 하면서 실제로 표기한 판매 가격은 이 광고 전 근접한 기간에 실제 판매했던 1개 가격의 2배와 같으므로, 이 광고가 있기 전과 비교하여 소비자들이 얻을 수 있는 경제적 이익이 없다. 그럼에도 불구하고 마트 측은 '1+1'을 강조하는 등의 방법으로 광고를 하였다. 결국 마트는 '1+1' 행사를 광고하면서, 동일한 상품의 1개당 판매 가격을 광고 전 근접한 기간에 실제 판매했던 그 상품의 1개 판매 가격과 같은 가격으로 '광고상 판매가격'을 표시한 것으로 볼 수 있다. 이는 표시광고법 제3조 제1항 제1호 및 같은 법 시행령 제3조 제1항에서 금지하는 '사실과 다르게 광고하거나 사실을 지나치게 부풀려 광고함으로써 소비자를 속이거나 소비자로 하여금 잘못 알게 할 우려가 있는 것으로서 공정한 거래질서를 저해할 우려가 있는 광고'에 해당한다"고 판결하였다. 다만, 이와 별개로 대법원은 판매하던 제품을 2배에 못 미치는 가격원으로 인상해 '1+1' 행사광고를 한 경우에는 과장광고가 아니라고 판결하였다(대법원 2018. 7. 20. 선고 2017두59215판결 등 참조).

이 사례의 경우에도 전단지에 '1+1'이라고 적혀 있던 라면은 마트에서 며칠 전에 1개로 판매했던 것과 동일한 가격임에도 불구하고, 전단지에는 눈에 띄게 '1+1' 행사라고 상품의 가격 옆에 빨간색 박스에 흰색 글자로 강조하여 표기한 것은 A가 상품을 구매하면 종전의 1개 판매 가격으로 2개를 구매하는 것보다 경제적으로 이익이 있다고 인식하게 할 우려가 있으므로 표시광고법 제3조 제1항 제1호 및 같은 법 시행령 제3조 제1항에 따른 '과장광고'에 해당하므로, A는 마트를 상대로 공정거래위원회에 신고할 수 있다.

'1+1' 행사는 1개의 상품의 가격에 1개의 상품을 더하여 2개 상품을 판매한다는 의미로서, 사실상 1개 상품의 가격을 50% 할인하여 판매한다는 의미를 가지고, 따라서 '1+1' 행사에 대해 표시·광고할 때 '1+1' 할인율을 거짓·과장하여 표시행사 상품의 가격을 종전거래가격보다 인상하여 기재할 경우, 할인율을 거짓·과장하여 표시·광고하는 것에 해당한다고 볼 수 있다. 즉, '1+1' 행사는 사실상 50% 할인판매의 의미를 가지는데, 만약 '1+1' 행사 상품의 가격을 종전거래가격보다 2배 인상하여 판매할 경우, 사실상 1개 상품에 대해 종전거래가격과 같은 가격으로 판매하게 되는바, 할인율이 50%가 아닌 0%가 적용되는 것이라고 볼 수 있다.

다만 한 가지 짚고 넘어갈 점은, '1+1' 행사 광고가 이루어진 상품들의 판매가의 경우 마트가 '1+1' 행사 이전의 판매가격과 비교할 때 적용되었던 판매가격보다 낮은 가격이었다면 '1+1' 행사 광고에 거짓·광고성이 존재한다고 보기 어렵다고 볼 수 있다.

20

예비부부 힘들게 하는
스·드·메 갑질 약관, 이것만은
확인해야

예비부부들이 결혼 준비 과정에서 필수적으로 이용하는 서비스인 스·드·메(스튜디오·드레스 대여·메이크업).

이에 따라 스·드·메 서비스를 묶어서 제공하는 결혼준비대행업체들이 등장해 결혼서비스 시장에서 큰 영향력을 행사해 오고 있다.

문제는 예비부부는 개별 스·드·메 서비스 가격이 얼마인지 잘 모르는 상태에서 소위 '깜깜이 계약'을 맺고 있으며, 필수적인 항목 또한 '옵션'이라는 형태로 만만치 않은 액수의 추가요금을 내고 있었다는 것이다.

이에 공정거래위원회는 18개 결혼준비대행업체의 이용약관을 심사하여 필수적인 서비스 요금을 따로 받도록 구성한 조항과 추가금과 위약금 기준을 불명확하게 표시한 조항 등 6개 유형의 불공정 약관조항을 시정함으로써, 결혼준비대행업체의 스·드·메 갑질에 제동을 걸었다.

사진파일(원본/수정본) 구입비, 드레스피팅비, 메이크업스타트비를 별도 항목에서 제외하여 기본 제공 서비스에 포함

결혼준비대행업체들은 기본적으로 제공하는 패키지 서비스에는 서비스 자체 정도만 포함되도록 하고, 별도로 2~30개의 옵션을 두어 이에 대해 추가요금을 내도록 하는 이원화된 요금체계를 두고 있다.

하지만 옵션 중 일부(사진파일(원본/수정본) 구입비, 드레스피팅비, 메이크업스타트비)는 기본 스·드·메 서비스와 매우 밀접하게 연관되어 있거나 불가분의 관계에 있어 사실상 필수적인 서비스임에도 예비부부에게 별도의 비용을 청구한다는 점에서 문제가 있었다.

이에 결혼준비대행업체들은 이러한 옵션이 필수적인 항목이 맞다고 인정하면서도 가격이 낮아 보이는 효과로 예비부부를 유인하기 위해 요금을 이원화했다고 주장을 했다. 그러나 이러한 부분은 결국 예비부부에게 고스란히 부담이 될 뿐만 아니라, 예비부부가 계약을 하기 전에 전체 서비스 비용을 정확하게 알고 비교하기 어려워진다는 점에서 문제가 있으며, 무엇보다도 결혼이라는 중요한 행사를 앞둔 예비부부가 처한 상황이 취약하다는 점을 이용한 것으로, 이러한 조항은 예비부부에게 부당하게 불리한 조항에 해당한다고 볼 수 있다.

옵션 가격의 범위와 평균적인 위약금 기준을 명시하고, 특정 업체를 선택하면 구체적인 옵션 가격과 위약금 기준 확정적으로 고지

결혼준비대행업체들은 2~30개 이르는 옵션의 가격이 어떻게 되는지 대략적인 범위도 표시하지 않은 경우가 많았다. 이런 경우, 예비부부의 입장에서는 자신이 부담해야 하는 비용이 어느 정도인지 제대로 모르는 상태에서 계약을 체결해야 하는 상황에 놓이게 될 수밖에 없다.

또한 오랜 기간의 결혼 준비 기간 중 여러 변수로 인해 일정을 변경해야 하거나 결혼식을 취소해야 할 경우도 종종 발생하게 되는데 이런 경우 결혼준비대행업체들은 위약금이 얼마인지 그 기준을 예비부부에게 명확하게 알려주지 않았다. 하지만 위약금은 손해배상액의 예정으로 예비부부의 권리와 의무와 큰 영향을 미칠 수 있는 정보로, 반드시 그 기준을 명확하게 알려주어야 한다.

이에 공정거래위원회는 계약서에 옵션 가격의 범위와 평균적인 위약금 기준을 명시하고, 예비부부가 특정 스·드·메 업체를 선택하면 구체적인 옵션 가격과 위약금 기준을 확정적으로 다시 고지하도록 했다.

위약금 기준과 청약철회 기간 합리화

일부 결혼준비대행업체는 예비부부가 계약을 해지할 경우 위약금을 과도하게 부과하기도 했다. 예를 들어, "계약금은 총액의 20%를 지불하셔야 하며, 해약 시 계약금은 반환되지 않습니다.", "계약금은 전체 금액의 20%로 하며, 계약 체결 이후에는 환불이 불가능합니다.", "계약금 환불은 입금 후 3일 이내에 가능하며, 이후 환불은 불가능합니다." 등으로 실제 서비스 개시 여부나 귀책 사유 등을 고려하지 않고 계약금을 일체 반환하지 않도록 하거나, 법상 정해진 청약철회 가능 기간보다 짧은 기간에만 계약금 환불이 가능하도록 하였다.

하지만 이러한 위약금 조항은 예비부부에게 부당하게 과중한 손해배상 의무를 부담시키는 조항으로서 무효한 약관에 해당한다. 그래서 공정거래위원회는 계약 체결 이후 서비스 개시 전과 후를 구분해 위약금 기준을 합리화하고, 청약철회 기간도 법에 부합하도록 약관을 시정하도록 했다.

이 외에도 예비부부와 개별 스·드·메 업체 간 거래에 대한 모든 책임에서 결혼준비대행업체를 배제하는 부당한 면책조항과 결혼준비대행계약의 당사자 지위를 양도하지 못하도록 한 부당한 양도금지조항, 그리고 재판관할을 예비부부에게 불리하게 정한 부당한 재판관할조항이 있었다. 공정거래위원회는 해당 조항을 삭제하거나 수정하도록 하여 불공정성을 해소했다.

묶음 상품(패키지)의 서비스별 내용과 기본 품목과 가격, 주요 선택 품목 가격 자율적 공개

2025년 1월, 공정거래위원회와 결혼식장 및 결혼준비대행업체는 결혼서비스 시장에서 예비부부의 합리적인 선택을 지원하고 공정한 거래질서를 위하여 서비스별 가격정보를 자율 공개하고 상호 협력할 것을 합의하고 업무협약을 체결했다.

주요 내용은 예비부부에게 제공하는 묶음 상품(패키지)의 서비스별 내용과 기본 품목 가격과 주요 선택 품목 가격을 자사 홈페이지 또는 한국소비자원 가격정보 사이트('참가격')에 공개하고, 예비부부와 계약 체결을 위한 상담 시 제공하는 서비스별 내용, 기본 품목 가격, 선택 품목 가격, 결제 시점 및 방법 등을 예비부부에게 상세하게 설명하기로 했다. 또한, 계약 체결 시 묶음 상품(패키지)에 포함된 서비스별의 세부가격, 서비스 업체별 환불·위약금 규정을 상세하게 설명하고 계약서를 교부하기로 했다.

물론 위 협약은 법적 효력이 없지만, 결혼서비스 시장을 선도하는 결혼준비대행업체들이 그 동안 결혼서비스 시장의 거래관행을 개선하고자 여러 차례 논의를 통해 결정된 것으로, 예비부부의 선택 폭을 확대하고 최종 지불금액에 대한 예측가능성을 높여 예비부부와 업체 간 신뢰를 구축하는데 기여할 것으로 기대된다.

"인륜지대사(人倫之大事)"라고 하는 결혼. 결혼 준비만으로도 벅찬데 더 이상 행복과 희망에만 가득 차야 할 예비 신랑, 신부들이 스·드·메 업체의 갑질에서 벗어나 멋진 미래만 꿈꾸었으면 한다.

21

상품 구매 후 개봉하면
'무조건' 반품 불가? 정말일까?

● 서울에 살고 있는 A씨는 온라인 쇼핑몰을 통해 프린터 잉크 토너를 주문했다. 제품이 도착해 포장을 뜯어 확인하니 컴퓨터와 맞지 않는 제품으로 주문한 것을 알아차리고는 그대로 재포장해 온라인 쇼핑몰에 반품을 신청했다. 하지만 A씨는 "정품 박스를 개봉했기 때문에 교환 및 반품이 불가하다"며 반품을 거절당했다.

최근 소비자고발센터에 온라인 쇼핑몰의 '포장 개봉 수 반품거절' 관련 민원이 증가하고 있다. 대부분 제품 수령 후 7일 이내에 교환 및 환불 요청을 했지만 박스 개봉을 이유로 거절당했다는 내용이다.

이와 관련하여 공정거래위원회는 '포장 개봉을 이유로 반품을 거부'한 온라인 쇼핑몰에 대해 시정조치를 했다. 이유는 해당 온라인 쇼핑몰이 전자상거래 등에서의 소비자보호에 관한 법률 제21조 제1항 제1호에서 금지하는 '거짓 또는 과장된 사실을 알리거나 속이는 방법을 통해 소비자의 반품을 방해'했다고 판단했기 때문이다.

온라인 쇼핑몰에서 제품을 구매한 소비자는 반품의 제한사유(소비자에게 책임이 있는 사유로 제품이 멸실되거나 훼손된 경우, 소비자의 사용으로 인해 제품의 가치가 현저히 감소된 경우, 시간이 지나 다시 판매하기 곤란할 정도로 제품의 가치가 현저히 감소한 경우, CD·DVD·GAME 등 복제가 가능한 제품의 포장을 훼손한 경우, 주문제작된 경우 등)에 해당하지 않는 한 계약서를 받은 날 또는 제품을 받은 날로부터 7일 또는 제품의 내용이 사실과 다른 경우 제품을 받은 날로부터 3개월 이내, 그 사실을 안 날 또는 알 수 있었던 날로부터 30일 이내에 반품을 할 수 있다.

그럼에도 불구하고 반품이 제한되는 사유에 해당되는지 여부와 관계없이 제품포장상자에 상품 개봉 시 교환 및 환불이 불가하다는 내용의 스티커를 부착한 것은 소비자에게 거짓 또는 과장된 사실을 알리거나 속이는 방법을 사용한 행위에 해당한다고 볼 수 있다.

더욱이 반품이 가능한 제품을 마치 개봉을 하면 반품이 불가능한 것처럼 소비자에게 사실과 다르게 안내함으로써 위와 같은 문구를 접한 소비자는 반품하는 것을 주저하거나 포기할 우려가 있으므로, 이는 소비자의 반품을 방해하는 행위에 해당한다고 볼 수 있다.

따라서 온라인 쇼핑몰을 통해 제품을 구매한 경우, 포장 개봉 후 '무조건적인' 반품 거절은 명백한 위법행위라고 볼 수 있다. 다만 화장품 포장박스나 정품 인증 라벨 훼손 등의 경우는 반품 제한사유에 해당할 수 있으니 구매 또는 개봉 전에 주의가 필요하다. 또한 개봉 후에 무조건 교환환불이 불가능하다고 약관, 포장박스, 택배박스에 안내하는 것은 위법하며 법적 효력도 인정되기 어렵다. 물론 정품 라벨 등이 훼손되었을 경우나 프린트 잉크 토너 등을 설치·사용한 경우에는 제품의 가치가 현저히 감소할 수 있다고 판단되어 반품이 불가할 수는 있다.

결국 온라인 쇼핑몰에서 제품 포장을 개봉하더라도 상품 가치 하락이 없는 경우에는 반품이 가능하다는 점과 함께 만약 전자제품이나 전자기기 등 제품에 대해 개봉 후 반품을 거부당했을 경우 공정거래위원회에 신고하면 제품의 특성과 사안을 면밀히 검토해서 온라인 쇼핑몰 또는 판매자에게 시정조치가 내려질 수 있고, 그 과정에서 신속한 피해구제를 받을 수 있다는 점을 알아둔다면 보다 슬기로운 소비생활에 도움이 될 수 있을 것으로 생각된다.

22

기프티콘으로 치킨 주문하면 추가 배달료 내라고?

COUPON
2000원

쿠폰 주문 시
배달료 5,000원 추가

배달앱
깔고
주문하자

얼마 전 친구에게 치킨 모바일 기프티콘을 선물로 받은 A씨. 선물로 받은 기프티콘으로 치킨주문을 했고 치킨배달이 왔는데 갑자기 추가 배달료를 내라고 했다. A씨가 사는 지역은 치킨 주문 시 추가 배달료를 내지 않던 지역이었지만 결국 A씨는 어쩔 수 없이 추가 배달료를 낼 수밖에 없었다.

코로나 사태 이후 모바일 상품권의 인기가 높아지고 있다고 한다. 휴대폰 앱을 통해 편하게 쓸 수 있고, 무엇보다 언택트 시대에 선물용으로 제격이라는 인식이 퍼지면서 판매가 급증하고 있기 때문이다.

하지만 위 사례처럼 일반적으로 주문하면 배달료가 없는데 모바일 상품권으로 주문하면 배달료를 받거나, 모바일 기프티콘을 사용하면 수수료를 추가로 지불하라고 하는 등 갈등이 빚어지고 있다. 소비자들은 이와 같은 갈등이 불거진 경우 치킨 가맹본부의 적극적인 개입이나 해결을 기대하지만 실제로는 상품권 계도 안내 정도가 전부이다. 즉 가맹점주들이 수수료 등 문제로 모바일 상품권 이용을 거부해도 제지하기가 쉽지 않다.

가맹본부에서 적극적으로 나서지 않을 경우 소비자들은 공정거래위원회고시인 '소비자분쟁해결기준'에 기댈 수밖에 없다. 소비자분쟁해결기준은 소비자가 상품·용역을 사용하는 과정에서 사업자와 분쟁이 발생할 경우 그 분쟁의 실질적인 해결기준이 되는 것으로, 1985년 처음 제정되어 품목별(62개

업종, 670여개 품목)로 수리·교환·환급의 조건, 위약금의 산정 등 분쟁해결을 위한 세부기준을 제시하고 있고, 세부품목별로 품질보증기간 및 부품보유기간, 내용연수를 규정하고 있다.

다만 소비자분쟁해결기준은 분쟁해결을 위한 합의 또는 권고의 기준으로 법적 강제력이 있는 것은 아니다. 그러나 많은 사업자들이 소비자분쟁해결기준의 규정에 따라 상품·용역의 A/S 기준을 설정하거나 소비자피해를 배상하고 있으며, 한국소비자원, 소비자단체 등에서 분쟁조정의 기준으로 적용하고 있다. 한편, 공정위가 약관의 불공정성 여부를 판단함에 있어 일반적으로 해당 약관조항이 소비자분쟁해결기준보다 소비자에게 불리한지 여부를 주요 위법성 판단기준의 하나로 삼고 있다는 점에서 분쟁해결기준이 실효성 있게 작동되고 있는 실정이다.

이와 관련하여, 공정위는 모바일 상품권 사용을 이유로 기프티콘 수수료 등 추가 대금을 수취하지 않도록 하는 규정을 새로 마련하여 최근에 시행했다. 즉 상품권 사용을 이유로 추가대금을 요구하거나 실제로 추가대금을 수취한 경우, 추가대금 없이 제공의무를 이행하거나, 제시한 상품권을 위해 소비자가 지급한 금원을 전액 환급 또는 추가로 수취한 대금을 반환하도록 했다.

따라서 향후 모바일 상품권 등을 사용하는 경우, 현금이나 카드 등 일반 결제를 할 때에는 요구하지 않는 수수료, 배달료를 추가로 요구하더라도 당당하게 추가대금 수취가 안된다는 사실을 말하고 이제부터라도 기프티콘 결제라는 이유로 추가대금을 내는 일 없이 슬기로운 소비생활을 하길 바란다.

23

포인트 모았으니
전투기 달라고?

영화관 팝콘 비싸도 되는 이유

매년 겨울마다 진행되는 스타벅스 겨울 프리퀀시 이벤트가 올해도 인기다. 올해는 행사기간 동안 17잔의 음료를 구매하면 플래너를 비롯해 휴대용 담요인 컴포터와 아날로그 시계를 주는 굿즈 마케팅을 진행 중이다. 그런데 만약 사은품으로 '수직이착륙 전투기'를 준다고 한다면 어떨까.

실제로 펩시는 마케팅 전략의 일환으로 펩시 포인트를 이용한 '펩시 스터프'라는 전대미문의 이벤트를 실시했다. 펩시 1상자, 즉 24캔을 10포인트로 환산하여, 75포인트를 모으면 티셔츠를, 175포인트를 모으면 색이 들어간 안경을, 1,450포인트를 모으면 가죽재킷을 주는 것으로, 무엇보다 소비자들의 눈길을 끈 사은품은 7,000,000포인트를 모으면 받을 수 있는 해리어 수직이착륙 전투기였다. 해리어 전투기를 타고 등교하는 학생이 '버스보다 훨씬 빠르군'이라고 말하는 광고 대사는 당시 TV를 보면 사람들이 충격에 빠지게 만들기에 충분하고도 남았다.

하지만, 7,000,000포인트를 모으기 위해서는 콜라 1,680만캔이 필요했고, 그 캔의 길이가 서울과 부산을 왕복할 정도이며, 펩시 가격을 500원으로 잡아도 최소 84억 원은 필요할 정도로 거의 실현 불가능한 퀘스트라고 다들 생각했다. 하지만 한 대학생이 등장했고 그는 15포인트가 있으면 1포인트에 10센트로 환산할 수 있다는 것을 보고는 7,000,000포인트를 현금으로 환산하면 70만 달러, 해리어 전투기는 최소 3,300만 달러이므로 '이걸로 환산하면 시가의 50분의 1밖에 안되네? 이거 거저잖아!'하고 판단했다. 그리고 펩시 36통(15포인트)과 70만 달러짜리 수표를 담긴 편지를 펩시에 보내 해리어 전투기를 요구했다.

물론 펩시는 단순한 장난으로 알고 다시 돌려보냈지만, 그는 '약속은 약속이다'라고 주장하자, 당황한 펩시는 그를 상대로 사은품 인도거부 소송을 제기하였고, 그는 펩시를 상대로 전투기 인도계약 불이행, 사기에 따른 위자료 청구까지 덧붙여서 맞대응했다. 3년간의 오랜 법정 싸움 끝에 결국 법원은 펩시가 허위광고를 했지만 죄를 물을 정도는 아니고 따라서 펩시가 해리어 전투기를 줄 의무는 없다고 판결했다. 덧붙여서 광고의 내용을 볼 때, 부모의 허락이 있어도 학생들이 차를 타고 등교를 못하는데, 학생이 전투기를 타고 등교하는 모습은 시청자가 볼 때 연출된 행위로 생각했을 것이라고 했다. 이렇게 이 사건은 마무리 되었지만, 만약 전투기가 아닌 3,300만 달러짜리 자전거였다면 판결의 내용이 달라지지 않았을까. 그리고 만약 우리나라였다면 허위 또는 과장에 의한 표시광고법 위반으로 공정거래위원회로부터 제재 받았을 가능성이 있지 않았을까.

위 사례는 기업의 마케팅 전략이 소비자들의 엉뚱한 행동으로 의도치 않은 방향으로 흘러 간 재미있는 에피소드이긴 하지만, 여러 가지 사은품 특히 색다르고 재미있는 컨셉의 굿즈를 걸고 이를 이용한 마케팅이 성행하고 있는 요즘, 대부분은 소비자들이 수량 등에 대한 정확한 정보 없이 괜한 소비욕구만 자극할 수 있는 문제가 발생할 수도 있다. 특히 주어진 수량의 음료만 마시면 미션을 완료하고 사은품을 받을 수 있다고 광고하고서는 나중에 수량 부족 등을 이유로 정당한 이유 없이 사은품을 변경하거나 제공하지 못한다면 표시광고법에 반할 소지도 있어 보인다. 기업에 있어서 마케팅은 반드시 필요는 하겠지만 만약 허위 또는 과장에 의한 마케팅을 반복한다면 결국에는 소탐대실할 수 있다는 점을 기업은 한 번쯤 생각해 보았으면 한다.

24

머지포인트 구입에 따른
남은 할부금, 안내도 될까?

갑작스런 제휴처 축소와 환불 불가 사태로 혼란을 겪은 머지포인트 피해자들에게 얼마 전 H신용카드사는 할부항변권 적용대상이라는 안내와 함께 관계 기관 등과 조치 방안을 논의 중이라는 문자를 발송했다. 이는 머지포인트가 할부거래법상 할부항변권 적용대상이라는 공정거래위원회의 검토 의견을 토대로 금융감독원이 법률 검토를 한 결과에 따른 조치로, 머지포인트 피해자들의 피해를 구제해 줄 수 있는 '할부항변권'이란 무엇일까.

우선 할부거래는 소비자가 재화나 용역을 먼저 제공받은 후 판매자에게 재화나 용역의 대금을 일정기한 동안 나누어 지급하기로 하는 것으로, 소비자가 판매자에게 직접 할부금을 지불하는 직접 할부계약과 소비자가 신용제공자(신용카드회사 등)에게 할부금을 지불하는 간접 할부계약이 있다. 이러한 할부거래 시 소비자는 자신의 지급능력을 충분히 고려하지 않고 고가의 물건을 구입하는 등 충동구매의 우려가 있으며, 판매자는 대금채권 확보를 위해 높은 지연이자나 과도한 위약금을 요구하는 등 소비자에게 불리한 계약을 강요할 가능성이 높기 때문에 할부거래법에서는 소비자를 보호하기 위해 할부항변권, 청약철회권, 서면교부의무 등을 규정하고 있다.

특히 할부항변권 중 항변이란 상대편의 주장을 부인하는 것이 아니라 이와는 별개의 사항을 주장해 상대편 주장의 배척을 구하는 것으로, 할부항변권이란 신용카드의 경우 신용카드 사용자가 신용카드사에게 남은 할부금을 내지 못하겠다고 주장하는 것이다. 하지만 언제나 할부항변권을 행사할 수 있는 것은 아니며, 일정한 행사조건이 필요하다. 예를 들어 신용카드로 할부를 한 경우에는 납부기간이 2개월 이상, 3회 이상이어야 하고, 총 납부금액이 20만 원 이상이어야 하며, 할부계약이 무효가 되었다거나 할부거래업자가 망했다는 등에 해당하여야 한다.

한편, 할부항변권 외에 할부거래 시 유용하게 주장할 수 있는 소비자 권리 중 하나는 청약철회권 즉 환불로, 계약서 또는 재화를 받은 날 중 늦은 날로부터 7일 이내에 청약철회가 가능하다. 이렇게 청약철회를 하기 위해서는 자신이 재화를 구매했던 할부거래업자에게 청약철회의사를 서면으로 발송하여야 한다. 이 때 서면 발송일 기준으로 청약철회의사가 표현되었다고 판단을 하기 때문에 실제로 할부거래업자에게 도달했는지 여부는 걱정할 필요가 없다. 다만 청약철회의 경우에도 할부항변권처럼 일정한 경우에는 행사하지 못하는데 예를 들어 소비자에게 책임있는 사유로 재화등이 멸실되거나 훼손된 경우(단, 재화의 내용을 확인하기 위해 포장을 훼손한 경우는 제외), 사용 또는 소비에 의하여 그 가치가 현저히 낮아질 우려가 있는 것으로 자동차, 냉방기 등의 경우, 시간이 지남에 따라 다시 판매하기 어려울 정도로 재화의 가치가 현저히 낮아진 경우, 복제할 수 있는 재화등의 포장을 훼손한 경우에는 7일 이내의 기간이라고 하더라도 청약철회가 불가능하므로 유의해야 한다. 만약 소비자가 청약철회를 했는데도 할부거래업자가 환불을 해 주지 않을 경우에는 한국소비자원에 조정신청을 하는 것을 고려해 볼 수 있고, 또한 이는 할부거래법 위반으로 과태료 부과대상에 해당하므로 과태료 부과권자인 해당 지방자치단체에 신고를 하면 된다.

큰 이득을 제공하면서 신뢰를 쌓아 한 번에 큰 금액을 갖고 잠적하는 일종의 폰지 사기가 아니냐며 이슈가 되었던 머지포인트 사태가 어떻게 마무리될지는 모르겠지만, 이를 믿고 머지포인트를 구매한 소비자들에게 할부거래법상 할부항변권 행사로 인해 남은 할부금이라도 면제되어 조금이나마 피해가 줄어들 수 있기를 바란다.

25

공기업과 체결한 불리한 특약,
무효 주장 가능할까

영화관 팝콘 비싸도 되는 이유

A사는 공공기관인 B공사와 전기기관차를 3년여에 걸쳐 순차적으로 공급하는 계약을 맺었다. 이들은 당초 입찰조건대로 국가계약법상의 물가변동으로 인한 계약금액 조정제도를 배제하는 '특약'을 계약서에 넣었다. 하지만 물가가 상승하자 A사는 B공사에게 물가변동으로 인한 계약금액 증액을 요구하였고, B공사는 계약서상 이를 배제하는 특약이 있다는 이유로 A사의 요구를 거부했다. A사는 B공사와 체결한 계약서상 계약금액 조정제도를 배제하는 특약이 약관규제법상 불공정한 약관에 해당한다는 이유로 무효라고 주장할 수 있을까.

국가나 공기업이 일방 당사자가 되는 계약은 국가 또는 공기업이 사경제의 주체로서 상대방과 대등한 지위에서 체결하는 사법상의 계약으로서 본질적으로 사인간의 계약과 다를 바 없다. 따라서 법령에 특별한 정함이 있는 경우를 제외하고는 서로 대등한 입장에서 당사자의 합의에 따라 계약을 체결하여야 하고 당사자는 계약의 내용을 신의성실의 원칙에 따라 이행하여야 하는 등 사적 자치와 계약자유의 원칙을 비롯한 사법의 원리가 원칙적으로 적용된다.

한편, 약관규제법상 약관은 그 명칭이나 형태 또는 범위에 상관없이 계약의 한쪽 당사자가 여러 명의 상대방과 계약을 체결하기 위하여 일정한 형식으로 미리 마련한 계약이다. 약관규제법상 약관에 해당할 경우 약관규제법이 적용되고, 위 약관상 불공정약관에 해당할 경우 그 내용은 무효가 될 수 있다.

우선 국가계약법에서는 물가변동으로 인한 계약금액을 조정하도록 규정하면서도 이와 다른 내용으로 체결된 계약의 효력이 무효인지 유효인지에 대해서는 규정하고 있지 않다. 다만, 공기업이 일방 당사자가 되는 계약의 성격, 국가계약법상 물가변동으로 인한 계약금액 조정 규정의 내용과 입법 취지 등을 고려할 때, 공기업이 계약상대자와 합의에 기초하여 계약당사자 사이에만 효력이 있는 특약을 부가하는 것을 금지하거나 제한하는 것이라고 할 수 없으며, 사적 자치와 계약자유의 원칙상 그러한 특약의 효력을 함부로 무효로 보기는 어렵다.

다만, 계약상대자의 계약상 이익을 부당하게 제한하는 특약은 효력이 없으며, 여기서 어떠한 특약이 계약상대방의 계약상 이익을 부당하게 제한하는 것으로 무효라고 하기 위해서는 그 특약이 계약상대자에게 다소 불이익하다는 점만으로는 부족하고, 공기업이 계약상대자의 정당한 이익과 합리적인 기대에 반하여 형평에 어긋나는 특약을 정함으로써 계약상대자에게 부당하게 불이익을 주었다는 점이 인정되어야 한다.

이와 관련하여 대법원은 A사가 물가상승 가능성을 예상하였을 것이므로 해당 특약이 A사의 정당한 이익과 합리적 기대에 반한다고 보기 어렵고, 물가변동으로 인한 계약금액 조정제도는 물가가 하락한 경우에는 계약금액을 감액시키는 효과를 가져올 수도 있으므로, A사는 해당 특약에 의해 계약금액 증액에 대한 기대를 상실하는 반면 계약금액이 감액될 위험에서도 벗어나게 되는 점 등을 이유로 A사와 B공사가 체결한 해당 특약이 무효라고 보기 어렵다고 판단했다(대법원 2018. 11. 29. 선고 2014다233480 판결 참조). 즉 해당 특약이 약관규제법상 약관에는 해당하지만 불공정약관이라고 보기는 어렵다고 본 것이다.

공기업은 전기·가스·수도·주택 등 여러 분야의 시장에 참여하면서 거래관행과 국민생활에 지대한 영향을 미치고 있으며, 공공사업의 발주자 또는 공공서비스의 공급자이자 주요 공공시설의 소유자로서 수많은 하도급업체 또는 소비자·임차인들과 공공계약에 따라 거래하고 있다. 이러한 상황에서 국가 또는 공기업 등과 계약을 체결하는 경우 그 계약 내용 중 일부가 부당하게 불리하다고 생각되는 경우에는 약관규제법상 약관에 해당하는지 살펴보고, 약관에 해당할 경우 사실관계에 따라 불공정약관으로서 효력이 없다고 주장해 볼 여지가 있는지 확인해 볼 필요가 있다.

26

노쇼하면 손해배상에
형사 처벌까지?

주문전표	
주문번호: 0078	
2025-5-15 18:25	
야채도시락 30개	300,000원
주문금액	300,000원
배달비	0원
할인금액	50,000원
현금 결제	**250,000원**
비고	내일 11:30분까지 납품 현장에서 결제 예정

연말 연시에는 송년회나 신년회 등 각종 모임이 많이 있다. 그래서 그런지 요즘 식당 예약 관련해서 이 문제가 심각하다고 한다. 바로 '노쇼(No-Show)'다.

'예약부도'라는 노쇼는 '나타나지 않는다'는 의미로 이제는 일상적인 단어가 되었다. 최근에는 단순한 노쇼를 넘어 대량으로 주문한 후 취소하거나 신분 사칭을 해서 사기범행을 저지르는 등 도가 넘어서면서 자영업자들의 피해가 커지고 있다.

노쇼로 인한 피해, 어디까지 손해배상 받을 수 있나?

▶ 횟집을 운영하는 A씨. 신년회를 한다면서 50명 단체 예약이 들어와 기분이 좋았다. 150만 원 상당의 음식을 준비했지만, 예약 당일 예약자는 나타나지 않았다. 결국 모든 음식은 폐기 처분됐고, 단체 예약으로 인해 손님도 제대로 받지 못했다. 이러한 경우 어떻게 해야 할까.

이러한 경우 A씨의 손해는 정말로 막심해 보인다. 예약도 계약이라고 할 수 있기 때문에 예약을 사전에 연락 없이 일방적으로 지키지 않은 경우에 예약자는 계약을 이행하지 않은 책임을 질 수 있다. 그리고 책임의 범위는 사례처럼 모든 음식을 폐기했다면 준비한 음식값과 인건비 그리고 예약으로 인해 제대로 받지 못한 기회비용(영업손실)도 포함될 수 있다.

다만, 이를 위해서는 당시 주고 받은 통화기록이나 문자메시지 등 증거가 필요하며, 특히 기회비용의 경우에는 그 예약 때문에 다른 고객의 예약이나 내방을 거절했다는 사실을 입증해야 한다. 통상 이러한 사실은 예약이나 내방을 거절 당한 고객의 협조를 받아 통화 내역이나 진술서 등을 통해 확보할 수 있다.

노쇼, 형사 처벌 가능성은?

한편, 노쇼를 했다고 해서 곧바로 형사 책임까지 물을 수 있는 건 아니다. 다만 예약을 허위로 하여 영업을 방해할 의도가 있었던 것으로 인정된다면 형법상 업무방해죄에 해당할 수 있고, 이러한 경우 5년 이하의 징역 또는 1,500만 원 이하의 벌금에 처해질 수 있다.

여기서 중요한 것은 업무방해죄의 고의가 있었는지 여부다. 예약 당시에 실제로 단체 행사가 예정되어 있었는지, 인원 수 또는 주문한 음식의 양이 실제로 필요한 양이었는지, 업주 측에 거짓 번호를 전달한 것은 아닌지 등 여러 사정을 종합하여 고의 여부를 판단하게 된다.

그렇다면 이러한 노쇼 행위가 형법상 사기죄에도 해당하지 않을까 하고 궁금해 하실 수 있다. 형법상 사기죄는 업주 측을 기망하여 재물 또는 재산상 이익을 얻어야 하는데 노쇼의 경우 업주 측을 기망한 것은 맞지만 예약자가 아무런 이익을 얻은 것이 없기 때문에 노쇼를 했다고 해서 바로 사기죄로 처벌받게 되는 것은 아니다.

실제로 김밥 40줄 주문 후 노쇼한 사건이 있었다. 김밥 40줄 예약 주문을 받은 가게 주인은 하루치 매출과 맞먹는 금액의 주문인 만큼 다른 손님들께 양해를 구하며 김밥 40줄을 만들었지만 주문자는 나타나지 않았는 데다가 남겨둔 연락처 역시 다른 사람의 전화번호였다. 이러한 경우 주문자는 재물이나 재산상 이익을 얻은 것이 없기 때문에 노쇼로 인해 사기죄로 처벌하기는 어렵지만, 위계에 의한 업무방해죄로는 처벌은 가능하다. 실제로 주문자는 지금까지 카페나 떡집 등 여러 업체에서 노쇼 행위를 반복했다는 사실이 밝혀서 고의성이 입증되어 업무방해죄로 처벌받았다.

노쇼를 막는 방법은?

상황이 이러다 보니 자영업하시는 분들은 이제 대량 주문이나 단체 예약이 들어오면 덜컥 겁부터 난다고 한다. 그래서 노쇼 방지를 위한 5계명, 10계명이 공유되어 있다. '1. 대규모 예약 주문의 경우 계약금은 꼭 받아라. 2. 주문 내용, 취소 가능 시각은 꼭 문자로 남겨라. 3. 주문서는 반드시 작성하라. 4. 주변 업장들과 노쇼 블랙리스트 공유하라. 5. 자영업 단톡방, 커뮤니티 통해 피해 정보 습득하라.'이다.

오죽하면 이런 내용이 공유될까 싶은데, 노쇼를 막기 위한 강력한 방법은 무엇일까. 우선 예약 전날이나 당일 예약 확인 문자를 보내서 고객이 예약을 잊지 않도록 돕는 '리마인드 서비스'나 노쇼 발생 시 일정 기간 예약 제한을 하는 '페널티 제도' 등이 있지만 현재로선 예약금을 받는 것이 최선의 방법으로 보인다.

이러한 노쇼 피해를 막기 위해, 공정거래위원회는 2018년 위약금 규정을 신설했다. 예약 1시간 전을 기준으로 예약을 취소하면 예약금을 돌려받을 수 있지만, 그 이후에 취소하거나 취소 없이 나타나지 않으면 한 푼도 돌려받을 수 없도록 했다. 이러한 예약금 제도 도입 이후 노쇼 비율이 줄기는 했다고 한다. 그럼에도 불구하고, 공정거래위원회 규정은 강제성이 없어 실효성이 없을 뿐만 아니라 아직 예약금 자체에 거부감을 느끼는 고객이 많아 노쇼 방지의 근본적인 해결이 되기에는 어려운 점이 있다.

그래서 일부 식당 예약 플랫폼들은 '예약금 0원 결제' 기능을 도입했다. 식당 예약 플랫폼에 카드를 등록하고 예약금 결제 방법을 '예약금 0원 결제'로 선택하면 고객은 예약금을 선결제하지 않고도 식당을 예약할 수 있다. 그리고 일정대로 식당을 방문하면 예약금이 결제되지 않고, 식당 방문에 앞서 일정을 취소하면 취소 수수료가 부과된다. 하지만 이 역시 식당 대부분이 식당 예약 플랫폼을 이용하지 않은 소규모 업체인 경우가 많아 실효성이 문제되고 있기는 하다.

노쇼가 심각한 사회적 문제로 떠올랐지만 아직까지 구체적인 해결 방안이 마련되지는 않는 상황이다. 이처럼 노쇼에 대한 구체적인 기준이 없다 보니 이에 대한 제도적 장치의 필요성이 더욱 요구되고 있다. 예를 들어, 10명을 예약했는데 이 중 4명만 왔을 때도 노쇼라고 볼 수 있는지, 그리고 1시간 전 취소와 10분 전 취소도 동일하게 볼 수 있는지 등 다양한 노쇼 상황에 대한 구체적인 기준이 필요해 보인다.

최근 정부에서 노쇼로 인한 소상공인 피해를 막기 위해 올해 상반기까지 소비자분쟁해결기준을 개정할 예정이라고 한다. 현행 소비자분쟁해결기준은 다양한 노쇼 상황을 포함하지 못하는 문제점이 있기 때문에, 정부는 다양한 업종별 특성을 고려해서 구체적인 위약금 기준과 부과 유형을 세분화해 정할 방침이라고 한다.

예약 문화는 분명 우리 사회에 편리한 문화이다. 하지만 성공적인 예약 문화의 정착을 위해서는 상호간의 신뢰가 필요하다. 그래서 앞으로는 지킬 수 있는 예약만 하고, 그리고 부득이하게 지킬 수 없는 상황이 되었다면 최대한 빨리 예약을 취소해 상대방에게 피해가 최소화되도록 배려하는 마음가짐이 필요해 보인다.

27

우리가 입고 있는 구스 패딩,
진짜 거위털일까?

◉ 20대 남성 A씨는 얼마 전 온라인 편집숍에서 구매한 B사 구스 패딩에서 불쾌한 냄새가 나는 것에 의아함을 품고 해당 제품의 소재를 확인하기 위해 사비를 들여 한국의류시험연구원에 검사를 맡겼다. 그런데 B사 구스 패딩에 기재된 소재 혼용률은 거위털 80%, 오리털 20%였으나 검사 결과 어처구니 없게도 거위털 30%, 오리털 70%가 사용된 것으로 나타났다.

최근 인터넷 한 커뮤니티에 올라온 글로, 국내 패션업계가 이른바 '가짜 구스 패딩' 논란에 몸살을 앓고 있다. 대기업이나 중소기업 할 것 없이 잊을 만하면 문제 제품이 발견되면서 국내 패션 제품에 대한 신뢰도 저하가 우려되고 있는 상황이다.

가짜 구스 패딩을 판매한 B사는 문제된 패딩에 대한 판매중지는 물론 형사처벌도 가능

그렇다면, 가짜 구스 패딩을 판매한 B사는 어떠한 제재를 받을 수 있을까. 우선 온라인 편집숍은 B사에 대해 문제된 패딩에 대한 판매 중지의 조치를 취할 수 있다. 그리고 향후 일정 기간 동안 해당 리콜상품에 대한 환불처리 및 CS(고객서비스) 응대를 하도록 하고, 해당 작업이 마무리되면 온라인 편집숍에서 완전 퇴출되는 불이익을 줄 수도 있다.

만약 B사가 혼용률을 고의로 허위 기재하고, 온라인 편집숍이 시험성적서를 요구하자 고객에게 판매한 것과 다른 제품을 검사한 성적서를 제출함으로써 온라인 편집숍의 업무에 혼선을 빚게 했다면, 온라인 편집숍은 B사를 형법상 사기죄와 업무방해죄로 형사고소하여 형사처벌을 받게 할 수도 있다.

한편, B사가 이처럼 혼용률을 허위로 기재한 것은 전자상거래법 제21조 제1항에서 금지하는 '거짓 또는 과장된 사실을 알리거나 기만적 방법을 사용하여 소비자를 유인하는 행위'에 해당하여 공정거래위원회로부터 과태료와 영업정지 등의 처분이 내려질 수도 있다. 뿐만 아니라 이러한 허위 과장 광고나 표시 등은 표시광고법 위반이 될 수도 있다. 즉 표시광고법 제3조는 사업자가 소비자를 대상으로 '거짓, 과장의 표시, 광고', '기만적인 표시, 광고' 등을 하는 것을 '부당 광고'의 한 유형으로 보고 있으며, 이를 위반할 경우 2년 이하의 징역 또는 1억 5,000만 원 이하의 벌금에 처해질 수도 있다.

가짜 구스 패딩을 판매한 온라인 편집숍의 책임과 의무도 강화되어 소비자의 피해를 신속하고 효율적으로 구제할 필요가 있어

그렇다면 B사가 가짜 패딩을 판매하도록 한 온라인 편집숍에게는 책임이 없을까. 우선 무엇보다도 혼용률을 허위로 기재한 B사(또는 제조업체)가 잘못을 했다는 사실에 대해서는 부인하기 어렵다. 그런데 B사(또는 제조업체)가 이처럼 잘못을 했지만 이를 관리하거나 그러한 책임이 온라인 편집숍에도 있기 때문에 이에 대해서는 온라인 편집숍도 책임을 질 필요는 있어 보인다.

이와 관련하여 온라인 편집숍을 '통신판매중개업자'라고 하는데, 그 동안 국회에서 온라인 편집숍과 같은 통신판매중개업자의 의무와 책임을 강화하고자 시도를 해왔으나 번번이 무산되었다. 그래서 이번에 발생한 '가짜 구스 패딩' 논란을 계기로 더 안전한 쇼핑 환경이 조성되도록 온라인 편집숍과 같은 통신판매중개업자의 의무와 책임이 강화되는 것이 필요해 보인다.

예를 들어, 소비자는 해당 브랜드를 믿고 물품을 구매하기는 하지만 온라인 편집숍을 신뢰하고 거래를 하는 측면도 강하기 때문에, 이러한 문제가 발생한 경우, 해당 브랜드에게만 책임을 돌려서는 신속하고 효과적인 소비자 구제에 미흡할 수밖에 없다. 따라서, 온라인 편집숍이 소비자에게 우선 보상을 진행하고 온라인 편집숍이 자체 법무팀 등을 통해 해당 브랜드나 제조업체를 상대로 민사소송이나 형사소송을 진행하는 것이 보다 바람직해 보인다.

온라인 편집숍 등록 시 시험성적서 등 서류 제출을 필수로 할 필요가 있어

한편, 현행 규정상 의료 소재는 국가 표준 인증을 받도록 하고 있지만, 내부 충전재에 대해서는 인증 의무가 없다. 전자상거래에서도 상품 고시를 할 경우 공정거래위원회는 섬유 성분 소재에 대해 정보를 제공하도록 규정하고 있지만, 충전재의 성분 구성에 대한 정보는 의무사항이 아니다. 따라서 기능성 의류에 한해서만 시험 성적서를 받아 의무적으로 첨부하도록 하고 있다. 이에 일각에서는 패딩 제품의 품질은 소비자 신뢰와 직결된 만큼 충전재도 혼용률 표기의 법적 규제가 필요하다는 목소리가 나오고 있다.

B사가 제조업체에게 속았더라도 책임을 회피하기 어려우므로 더욱 철저하고 꼼꼼한 검사 필요

B사 역시 만약에 가짜 구스 패딩을 제조한 업체에게 속은 것이라면 B사 역시 모든 책임을 지는 것에 다소 억울한 측면이 있다고 볼 수도 있다. 하지만, B사는 제조업체로부터 해당 제품을 받은 경우 검사 의무가 있고, 이에 대해 자신이 검사 의무를 소홀히 한 결과 이러한 사태가 발생한 것이라면 이에 대한 책임에서 벗어나기는 어렵다고 보인다. 따라서 보다 철저하고 꼼꼼한 검사를 통해 이러한 사태를 미연에 방지하는 것이 필요해 보인다.

옛말에 '소 잃고 외양간 고친다'는 말이 있다. 일이 이미 잘못된 뒤에는 후회해도 소용이 없다는 말인데, 그래도 소를 잃었다면 외양간을 즉시 고쳐야 하지 않을까. 소 한번 잃었다고 외양간을 고치지 않는다면 다시는 소를 키우지 못할 것이기 때문이다. 이번 사태를 통해 지금이라도 품질 인증을 위한 시험성적서 제출을 강화하고, 충전재의 성분 구성에 대한 정보를 의무화하며, 온라인 편집숍의 통신판매중개업자로서의 의무와 책임을 강화함으로써 다시는 이 같은 사태가 재발되지 않도록 함과 동시에 최대한 신속하고 효과적으로 소비자의 피해가 구제될 수 있도록 제도적, 법적 개선이 필요하다.

Part

03

기업거래정책
이야기

01

본사가 시켜서 어쩔 수 없이
합의서 썼는데…

가맹본부 P는 구매·마케팅·영업지원·품질관리 등에 대한 각종 행정적 지원에 대한 대가라는 명목으로 '어드민피(Administration Fee)'라는 명칭의 가맹금을 가맹점사업자들로부터 매월 수령하였다. 하지만 가맹점사업자들이 가맹본부 P와 체결한 가맹계약서에는 가맹점사업자들이 지급해야 하는 가맹금에 로열티(매출액의 6%), 광고비(매출액의 5%) 외에 어드민피에 대한 언급은 없었으며, 이후 가맹본부 P는 가맹점사업자들과 계약을 갱신하는 과정에서 어드민피 부과에 대한 합의서를 작성하였다.

이러한 경우 가맹본부 P의 행위는 가맹점사업자들에게 불이익을 제공하는 것으로, 가맹사업법상 불이익제공행위(제12조 제1항 제3호)에 해당할까. 그리고 가맹점사업자들은 합의서가 무효라고 주장하면서 가맹본부 P에 지급한 어드민피 전부를 반환받을 수 있을까.

공정위, 가맹점사업자들에게 불이익을 제공한 가맹본부에 과징금 부과

가맹사업법상 불이익제공행위(제12조 제1항 제3호)에 해당하기 위해서는 ▲ 가맹본부가 가맹점사업자에 대하여 거래상 지위가 있어야 하고, ▲ 구입강제, 부당한 강요, 부당한 계약조건의 설정 또는 변경, 경영의 간섭, 판매목표 강제 등에 준하는 경우로서 가맹점사업자에게 부당하게 불이익을 주는 행위여야 한다.

다만, 위 요건을 충족하더라도 가맹본부의 상표권을 보호하고 상품 또는 용역의 동일성을 유지하기 어렵다는 사실이 객관적으로 인정되는 경우로서, 해당 사실에 관하여 가맹본부가 미리 정보공개서를 통하여 가맹점사업자에게 알리고 가맹점사업자와 계약을 체결하는 경우에는 위법성이 조각된다.

우선, 공정위는 가맹점사업자들이 가맹사업에 대한 기술, 경험 및 자금면에서 절대적인 약점에 있고, 이러한 약점은 사업적 능력에서 현격하게 우위에 있는 가맹본부의 전적인 지원에 의해 보완되는 위치에 있으므로, 가맹점사업자들은 가맹계약에 따라 가맹본부와 지속적인 거래관계를 유지하면서 가맹본부가 요구하는 조건과 기준에 따라 점포 및 내부시설을 준비하여야 하며, 만일 가맹점사업자가 원치 않는 시기에 가맹계약이 해지될 경우 위와 같은 시설투자비용을 충분히 회수하기 어려워져 경제적 손실을 입는 점에서 가맹본부의 거래상 지위가 인정된다고 보았다.

나아가 공정위는 가맹본부가 이러한 거래상 지위를 이용하여 가맹점사업자들과의 최소한의 의견 수렴절차 조차도 거치지 않고, 가맹계약서상 근거가 없는 금원을 징수하고, 그 징수 요율까지 일방적으로 인상하는 방법으로 가맹점사업자에게 불이익을 제공하였다고 판단하였다.

또한, 가맹본부가 공정위에 등록된 정보공개서에 어드민피가 부과된다는 내용을 기재한 사실은 인정되나 가맹계약서상 근거 없이 어드민피를 부과하거나 이를 인상시킨 행위가 허용되지 않을 경우 가맹본부의 상표권을 보호하고 상품 또는 용역의 동일성을 유지하는 것이 어렵다고 객관적으로 인정된다고 보기 어려우므로 예외인정 요건에 해당되지 않는다고 보고 시정명령 및 과징금을 부과하였다.

하지만, 어드민피 합의서 작성 이후 부과한 어드민피는 자발성 인정 ··· 위법하지 않아

가맹본부가 가맹점사업자들과 계약을 갱신하는 과정에서 어드민피 부과에 대한 합의서를 작성한 것과 관련하여, 공정위 심사관은 가맹점사업자들이 계약 갱신과정에서 가맹본부의 합의서 작성 요구를 거부하기는 어려웠을 것으로 보이는 점 등을 고려할 때, 가맹점사업자들이 합의서 작성에 자발적으로 동의한 것으로 볼 수 없다고 주장했다.

하지만 공정위는 어드민피 합의서와 함께 가맹계약을 체결한 가맹점사업자의 경우 당해 계약 체결 시 사업계속 여부에 대한 선택권을 갖고 어드민피 합의서에 서명한 것임을 고려할 때, 가맹본부가 어드민피 합의서를 작성한 가맹점사업자에 대하여 어드민피를 부과한 행위에 대하여는 위법한 것으로 볼 수 없다고 판단하였다.

법원도 합의서를 작성한 이후 수령한 어드민피 … 부당이득이 된다고 볼 수 없어

법원은 가맹점사업자들이 어드민피 부과와 관련하여 가맹본부를 상대로 제기한 부당이득금반환청구소송에서 어드민피가 가맹계약서상 근거가 있는지 여부와 관련하여 ▲ 가맹계약서상 어드민피를 부과할 수 있는 근거가 없고, ▲ 어드민피 지급에 관한 묵시적 합의도 인정할 수 없으므로 특별한 사정이 없는 한 가맹본부는 법률상 아무 원인 없이 가맹점사업자들로부터 어드민피를 지급받아 그 금액 상당의 이익을 얻고 그로 인하여 가맹점사업자들에게 같은 금액 상당의 손해를 가하였다고 봄이 타당하다고 판단하였다.

그러나 법원은 어드민피 합의는 어드민피 부과의 근거가 될 수 있으므로, 가맹본부가 어드민피 합의서를 작성한 가맹점사업자들로부터 그 이후 수령한 어드민피는 부당이득이 된다고 할 수 없다고 판단하였다.

따라서, 법원은 가맹본부에게 ▲ 합의서를 작성하지 않은 가맹점사업자들에게는 그들로부터 지급받은 어드민피 '전액' 상당액을, ▲ 가맹계약을 갱신하면서 합의서를 작성한 가맹점사업자들에게는 '합의서 작성하기 이전까지' 지급받은 어드민피 상당액을 부당이득금으로 반환할 의무가 있고, ▲ 가맹계약을 신규 체결하면서 합의서를 작성한 가맹점사업자들에게 지급받은 어드민피 상당액을 반환할 의무가 없다고 보았다.

개정된 가맹사업법 ⋯ 가맹본부의 보복행위를 3배소 적용대상에 추가

최근 외식업종 브랜드 간 경쟁이 심화되고 소비 심리가 위축되는 등으로 인해 가맹본부와 가맹점사업자들이 모두 어려운 여건에 처해 있는 상황에서, 위 사례는 가맹본부가 거래상 지위를 남용하여 부당하게 가맹금을 수취하는 등 불이익을 제공한 행위에 대해 공정위가 강력히 제재하고 법원은 그에 따른 부당이득을 반환하도록 한 것으로, 향후 가맹사업 거래 질서 확립에 일응 기준이 될 수 있으리라 보인다.

한편, 가맹점주에 대한 보복 출점 등 이른바 '갑질' 혐의로 기소된 미스터피자 창업주 정우현 전 MP그룹 회장의 혐의가 법원에서 대부분 무죄로 판단되어 논란이 일고 있는 가운데, 최근 개정된 가맹거래법은 가맹본부가 가맹점주와 합의 없이 일방적으로 영업지역을 변경하는 행위도 법률 위반 행위로 규정하였다. 이런 행위는 시정명령이나 과징금 부과 조치 대상이 된다. 아울러 가맹본부의 법 위반 행위를 공정위에 신고하거나 제보하고 증거자료를 제출한 사람은 포상금을 받을 수 있게 되었다.

그동안 가맹점주는 보복이 두려워 가맹본부의 불공정행위를 신고하지 못하는 경향이 있었는데, 이번 개정으로 공정위 협조에 대한 보복도 위법행위가 된 만큼 앞으로 가맹본부의 불공정행위가 개선되기를 바라본다.

02

글로벌 명품 화장품업체에게도
백화점은 늘 '갑'이라고?

A백화점은 2015년 4월부터 2015년 7월까지의 기간 동안 자신의 3개 점포에 입점한 이엘씨에이한국, 한국시세이도, 엘오케이 등 3개 납품업자와 5건의 인테리어 공사를 위한 매장 설비비용 분담에 관한 계약서를 계약체결일보다 지연하여 교부하였다.

이처럼 A백화점이 이엘씨에이한국, 한국시세이도, 엘오케이 등 3개 납품업자에게 계약서면을 사전에 교부하지 않은 경우, 대규모유통업법 제6조 제1항에서 금지하는 '계약서면 사전 교부의무 위반행위'에 해당할까.

대규모유통업자가 납품업자에 대하여 '거래상 우월적 지위'가 없으면 대규모유통업법 적용되지 않아

계약서면 사전 교부의무 위반행위가 성립하기 위해서는 ▲ A백화점이 납품업자들에 대하여 거래상 우월적 지위가 있어야 하고, ▲ A백화점과 납품업자가 계약을 체결하고, ▲ 계약체결 즉시 법정 기재사항이 기재되고 양 당사자가 서명 또는 기명날인한 서면을 납품업자에게 교부하지 않은 행위가 있어야 한다.

이중 '거래상 우월적 지위'와 관련하여, 대규모유통업법 제3조 제1항, 제2항에 의하면, 대규모유통업법은 대규모유통업자가 납품업자 등에 대하여 거래상 우월적 지위에 있다고 인정되지 아니하는 거래에 대하여는 적용되지 않고, 거래상 우월적 지위가 있는지 여부는 ▲ 유통시장의 구조 ▲ 소비자의 소비실태 ▲ 대규모유통업자와 납품업자 등 사이의 사업능력의 격차 ▲ 납품업자 등의 대규모유통업자에 대한 거래 의존도 ▲ 거래대상이 되는 상품의 특성 ▲ 공정거래법 제2조 제2호의 기업집단 또는 대규모유통업자가 운영하는 유통업태의 범위 등을 종합적으로 고려하여 판단한다.

공정위 ⋯ A백화점은 이엘씨에이한국, 한국시세이도, 엘오케이 등 3개 납품업자에 대하여 거래상 우월적 지위 있어

공정위는 다음과 같은 점을 종합적으로 고려할 때, A백화점은 거래상대방인 이엘씨에이한국, 한국시세이도, 엘오케이 등 3개 납품업자에 대하여 거래상 우월적 지위가 있는 것으로 인정하였다.

첫째, 백화점은 일반소비자의 관점에서 볼 때, 일정한 품질이 보장되는 상품만을 거래한다는 인식을 가지고 있어서 납품업자는 백화점 입점을 자신의 상품을 홍보하고 그 품질을 인정받기 위한 중요한 수단의 하나로 설정하고 있다.

둘째, 국내 상품유통에 있어 백화점을 비롯한 대규모소매업이 차지하는 비중이 상당하고, 시장구조가 독과점화되어 있는 상황에서 자체 유통망을 갖지 못한 대다수의 납품업자 등은 A백화점과 같은 대규모유통업자와 거래를 하지 않고서는 판로확보에 상당한 애로를 겪을 수밖에 없다.

셋째, 납품업자는 A백화점과 거래단절이 되는 경우에는 인테리어 비용 등 투자비용의 회수가 곤란할 뿐만 아니라, 대체거래선 확보가 용이하지 않기 때문에 대형거래처인 A백화점과 계속적으로 거래계약을 체결하고 이를 유지하기를 강력하게 희망하고 있다.

넷째, 비록 인지도 높고 판매실적이 좋은 브랜드라 하더라도 A백화점 입장에서는 같은 품질의 다른 제품으로 대체 가능한 하나의 브랜드에 불과한 반면, 납품업자는 A백화점의 매장에 입점하였는지 여부에 따라 매출신장 및 상품홍보에 커다란 영향을 받게 되므로, A백화점은 거래상대방을 선택하거나 거래조건을 설정함에 있어 자기에게 유리한 계약을 체결할 수 있는 지위에 있다.

서울고법 … 아무리 해외 글로벌 명품 화장품 브랜드라 할지라도 사업능력 격차는 납품업자만 고려하고 지배회사나 모회사는 고려할 수 없어

공정위의 판단에 대해 A백화점은, 납품업자인 이엘씨에이한국, 한국시세이도, 엘오케이는 세계적인 명품 화장품 회사인 에스티로더(Estee Lauder), 시세이도(Shiseido), 로레알(L'Oreal)의 자회사이고, 따라서 A백화점이 이엘씨에이한국 등 납품업자에 대하여 거래상 지위를 판단함에 있어 이들 자회사만을 기준으로 A회사와의 사업능력 격차를 비교할 것이 아니라 경제적 이해관계가 일치하는 지배회사의 사업규모를 합산한 상태에서 사업능력 격차를 비교하여야 하는데, 한국 납품업자의 지배회사인 에스티로더, 시세이도, 로레알의 사업능력은 A백화점의 사업능력보다 현저히 크고, 또한 백화점 전체 매출에서 해외 명품 화장품의 매출이 차지하는 비중이 갈수록 커지고 있어 A백화점과 같은 백화점 사업자들은 오히려 해외 명품 화장품 브랜드를 백화점에 입점시키기 위해 치열한 유치경쟁을 하고 있기 때문에 거래상 우월적 지위에 있지 않다고 주장하면서 서울고법에 행정소송을 제기하였다.

하지만, 서울고법은 다음과 같은 이유로 A백화점의 주장을 배척하면서 A

백화점이 납품업자인 이엘씨에이한국, 한국시세이도, 엘오케이에 대하여 거래상 우월적 지위에 있다고 보았다.

즉, 이엘씨에이한국 등 납품업자와 같이 납품업자의 지배회사가 세계적인 규모의 기업으로 명품 화장품 시장에서 상당한 지위를 가지고 있다 하더라도, 위 납품업자들은 각 독립된 법인격을 가진 개개의 납품업자들이고 그들 각자의 판단 하에 A백화점 운영의 백화점 입점 여부 등 유통 형태를 결정한 후 특약매입거래 등 기본거래계약을 체결하는 점과 대규모유통업법상 '거래상 우월적 지위'에 있는지 여부를 판단함에 있어서는 대규모유통업자에 대한 납품업자의 사업적 의존도, 즉 대규모유통업자가 해당 납품업자의 거래활동에 얼마나 영향을 미칠 수 있는지가 하나의 기준이 될 것인데, 이는 국내 상품유통 시장에서 대규모유통업자에게 물품을 공급하는 업체의 사업능력을 기준으로 판단한 것인 점을 고려할 때, A백화점과 위 납품업자들의 사업능력 격차를 비교함에 있어 원칙적으로 납품업자의 사업능력만을 고려할 것이지, 납품업자의 지배회사 내지 모회사의 사업능력까지 고려해야 한다고 볼 수 없다고 보았다.

또한, 최근 중저가의 화장품 브랜드나 신규 해외화장품 브랜드 및 백화점 등 대규모유통업자들이 독자적으로 개발한 PB(Private Brand) 제품까지

A백화점 등 대형 백화점에 입점하여 점유율을 높이고 있어 사실상 이엘씨에이한국 등 납품업자는 기존의 명품 브랜드 화장품의 납품업자들과는 물론이고, 위와 같은 중저가의 화장품 브랜드 등과도 치열하게 경쟁하여야 한다는 점에서 A백화점의 입점여부가 중요하다고 판단하였다.

대규모유통업법 적용 제외 규정이 사문화되지 않도록 가이드라인 제시 필요

얼마 전 위 납품업자 중 하나인 이엘씨에이한국의 경우, 서울 여의도 63빌딩에 문을 연 갤러리아면세점63에 입점한 지 단 3주 만에 경쟁 브랜드인 샤넬과 동일한 조건을 제공받지 못한 데 대한 불만으로 11개 브랜드 10개 매장의 30명 판매사원을 철수시키는 특단의 조치를 취함으로써 업계에 충격을 던져 준 사실이 있다.

또한, 엘오케이는 이른바 갤러리아면세점 길들이기에 편승하여 자신의 브랜드 매장에서 직원 20명을 사전 통보조차 없이 철수시켰으며, 이에 갤러리아면세점은 자사 직원들을 임시로 매장에 파견해 공백을 메운 사실도 있다.

참고로, 샤넬의 경우 B백화점이 제시한 매장 개편안에 관한 마찰로 인해 B백화점 주요 점포에서 한꺼번에 철수하는 강경대응을 하였고, 그로 인해 소비자들은 "샤넬에서 립스틱을 구매하곤 했는데 이제 필요할 때마다 일부러 다른 백화점을 찾아야 할 거 같다."는 반응을 보이기도 했다.

위와 같이, ▲ 오히려 위 납품업자들이 면세점 등 대규모유통업자를 상대로 자신의 거래상 지위를 과시했던 사례와 함께 ▲ 위 납품업자들이 공급하는 로레알, 에스티로더 및 시세이도 화장품의 경우 소위 '백화점에 입점해 있기 때문에' 소비자들이 '명품'이라고 인식하고 있는 것이 아니라, 이미 우리나라에 처음 소개되기 전부터 전 세계 소비자들에게 '명품'으로서 이미 주지되어 있던 브랜드라는 점 ▲ 2015년 매출액 기준으로 로레알은 299억 달러로 1위, 에스티로더는 109억 달러로 4위, 시세이도는 74억 달러로 5위에 해당하는 글로벌 명품 브랜드 기업으로 사업능력의 격차를 비교함에 있어서 사업의 내용 및 경제적 이해관계가 완전히 일치하는 지배회사와 자회사를 실질적·경제적 측면에서 사실상 하나의 사업자로 보는 것이 필요하다는 점 ▲ 위 납품업자들이 공급하는 화장품은 고가의 수입화장품으로서 그 판매처나 구입하는 소비층이 중저가의 화장품 브랜드와는 차이가 있다는 점 등을 고려해 볼 때, 언제나 백화점이 해외 글로벌 명품 브랜드에 대해 소위 '갑'인지에 대해서는 한번쯤 고민해 볼 필요가 있다고 생각된다.

무엇보다 앞서 말한 것처럼, 대규모유통업법 제3조 제1항, 제2항에서는 대규모유통업자가 납품업자 등에 대하여 거래상 우월적 지위에 있다고 인정되지 아니하는 거래에 대하여는 적용되지 않는다고 명시적으로 규정하고 있는데, 해외 글로벌 명품 브랜드에 대해서도 백화점과 같은 대규모유통업자에게 거래상 우월적 지위를 인정하는 공정위와 서울고법의 판단을 보면서, 과연위 조항이 적용되어 대규모유통업법 적용이 제외되는 수준의 납품업자가 무엇인지 언뜻 떠오르지 않는 건 상상력이 부족한 한계일까.

03

'내부전산망 열어봅시다', 거부하면 조사방해?

공정위는 A회사에 대하여 'IT벤처 분야 하도급거래실태 현장확인조사'를 실시하였다. B는 A회사의 무선사업부 구매팀 구매그룹장으로 재직하고 있었는데, 공정위의 조사관은 위 조사 과정에서 부당한 하도급단가 결정의 중요한 단서가 되는 구매단가 변동사유 등을 비롯한 하도급법 위반 혐의내용을 확인하기 위하여 B에게 A회사의 사내 통신망의 열람을 요구하였으나, B는 회사의 기밀 및 개인정보 보호를 이유로 이를 거부하였다.

공정위의 조사관은 사업자의 사무소 또는 사업장에 출입하여 업무 및 경영상황, 장부·서류, 전산자료·음성녹음자료·영상자료 등을 조사할 수 있으며, 이러한 조사를 거부·방해 또는 기피한 자에 대해서는 과태료에 처하도록 규정하고 있다(하도급법 제30조의2, 공정거래법 제50조 제2항).

일반적으로 공정위의 조사관은 사업자의 전산자료를 조사하기 위해서는 특정된 행정조사 목적 내에서 사업자의 협조 아래 전산자료가 저장·보존되어 있는 전산시스템에 대한 접근이 인정되어야 할 것이다. 따라서 조사를 위한 전산시스템의 자료 열람이 거부되어 조사활동 자체가 어렵게 된 경우에는 조사거부·방해에 해당할 수 있다.

공정위, 조사관의 사내전산망 열람요구를 거부한 것은 조사방해에 해당 … 과태료 부과

공정위는 하도급법이 공정위의 조사관에게 전산자료 등을 조사할 수 있는 권한을 부여함과 동시에 비밀엄수의무를 부여하고, 비밀엄수의무 위반 시 처벌할 수 있는 제도적 장치(하도급법 제27조 제3항 및 제29조에서는 비밀엄수의무 및 비밀엄수의무 위반자에 대한 벌칙을 각각 규정하고 있다)를 마련하고 있는 점, 사내통신망은 하도급관련 주요 문서들을 결재하거나 사내 통보수단으로 활용되고 있어 법 위반 혐의 내용을 확인하기 위해서는 열람이 필수적이라는 점 등을 감안할 때, 하도급관련 내용에 한정된 공정위 조사관의 최소한의 사내통신망 열람까지 거부한 B의 행위는 공정위 조사를 방해하기 위한 행위라고 판단하였다(공정위 2008. 4. 3. 의결 제2008-114호).

B는 사내통신망이 업무·비업무용으로 사용되는 개인용 프로그램으로, 회사기밀뿐만 아니라 개인적인 내용이 많아 공개할 수 없다고 공정위에 주장했다. 하지만 공정위는 ▲ 공정위의 조사관은 관련 법령에 따라 전산자료 등을 조사할 수 있는 권한과 함께 비밀엄수의무가 있으며, 비밀엄수의무 위반 시 처벌받을 수 있는 점 ▲ 사내통신망은 하도급관련 주요 문서들을 결재하거나 사내 통신수단으로 활용되고 있어 법 위반 혐의 내용을 확인하기 위해서는 열람이 필수적이라는 점 ▲ 하도급관련 내용에 한정하여 열람을 요구한 점 ▲ 열람 과정에서 개인적인 통신내용 등이 나올 경우 담당자가 이의 열람을 거부할 수 있는 점 등을 고려할 때, 회사기밀 및 개인비밀이 유출될 우려가 있어 사내통신망 열람을 할 수 없다는 B의 주장은 이유 없다고 판단하고 B에 대하여 과태료 2,000만 원을 부과했다.

법원, 무제한적인 내부전산망에 대한 열람권 요구 거부는 정당 … 과태료 부과는 부당

B는 공정위의 과태료 부과처분에 대하여 이의를 제기했고, 법원은 B가 사내통신망에 대한 공정위의 조사관의 열람요청을 거부한 것은 정당하므로 공정위는 B에 대하여 과태료를 부과할 수 없다고 판단하였다(수원지방법원 2010. 8. 3. 2008라609 결정).

즉, 사내통신망은 A회사의 사내 문서통신망으로서 회사업무를 위한 보고나 결재서류 등의 전송, 구매 관련 품의 등 전자결재 및 결재된 자료의 저장에 사용되는 것으로, 공정위의 조사행위가 헌법 제12조에서 규정하고 있는 압수수색에 관한 영장주의를 위반하거나 회피할 수 없음이 분명하고, 공정거래법 제50조의2는 '조사공무원은 이 법의 시행을 위하여 필요한 최소한의 범위 안에서 조사를 행하여야 한다.'라고 규정하여 이른바 비례성의 원칙을 선언하고 있는 점 등을 고려하여 볼 때, 공정거래법 제50조에서 규정하는 조사권의 범위는 피조사자의 법익침해가 최소화될 수 있도록 가능한 한 엄격하게 새기는 것이 타당하다고 보았다.

특히, 공정위의 조사관이 요구한 내부통신망 전체를 대상으로 한 열람은 하도급법에서 예정하고 있는 전산자료의 조사나 자료의 제출요구라기보다는 영장의 대상인 수색에 더 가까운 행위로, 조사관이 부당한 단가결정의 중요한 단서가 되는 서류가 내부통신망을 통하여 전달·보관되고 있다는 의심을 갖게 된 경우 그 서류 내지 전산자료에 대한 제출을 요구하여 이를 조사함은 몰라도 스스로 그 서류 등을 찾기 위하여 내부전산망에 대한 접근권한을 얻어 무제한적으로 이를 열람할 권한까지는 부여되어 있지 아니하다고 해석함이 상당하다고 판단하였다.

그리고, 위와 같은 A회사의 내부전산망에 대한 무제한적인 열람권의 부여로 인하여 A회사의 영업비밀이나 관련 직원의 개인정보가 외부로 노출될 우려도 있다고 할 것이어서 이를 공정거래법 제50조의2에서 말하는 필요한 최소한의 범위 내의 조사라고 보기 어렵고, 공정거래법이 조사공무원에게 비밀엄수의무를 부과하고 있다고 하여도 달리 볼 것도 아니라고 보았다.

기업의 불필요한 조사 부담 감소를 위한 '조사절차 규칙 제정' …
조사과정에서 발생하는 불필요한 다툼이나 분쟁 감소 기대

공정위는 지난 2015년 기업의 위법행위는 엄정하게 조사·시정하되, 불필요한 기업부담은 최소하기 위해 피조사업체의 권익보호, 조사절차 투명성 강화를 위해 조사방법·절차, 조사공무원의 준수사항 등을 담은 '조사절차 규칙'을 제정하였다.

구체적으로 보면, ▲ 조사공문에 구체적인 법 위반 혐의와 조사대상의 사업자명과 소재지를 특정, 기재하여 과잉조사를 사전에 차단하고, ▲ 조사공문상 조사범위를 벗어난 조사에 대한 피조사업체의 조사거부권을 보장하며, ▲ 피조사업체의 신청이 있는 경우 현장조사에서부터 진술조서 작성에 이르기까지 조사 전 과정에 변호인 참여를 보장하였다. 또한, ▲ 조사공무원은 조사시작·종료시각, 조사과정상 특이사항 등을 기재한 '현장조사 과정 확인서'를 작성하고, 피조사업체로부터 확인을 받고 아울러 조사 과정에서 수집하거나 제출받은 자료의 목록을 작성하여 피조사업체에게 교부하도록 하였다. 한편, ▲ 조사공무원의 위압적 조사, 일일보고 누락 등 규칙 위반 시 벌칙(패널티)을 부과하기로 하였다.

이러한 조사절차 규칙으로 인해 공정위의 위압적 조사금지, 조사과정에서 변호인 참여, 조사목적과 조사대상의 특정 등으로 인해 피조사업체의 권익이 보호됨에 따라 공정위가 현장조사를 하는 과정이 보다 더 투명해지고 불필요한 다툼이나 분쟁이 감소하기를 기대해 본다.

04

가맹본부가
특정 해충방제업체와
거래 강요하면?

A사는 치킨 프랜차이즈 가맹본부이다. A사는 바퀴벌레, 쥐, 개미 등을 방제하는 해충방제업체 B사와 계약을 체결한 뒤 가맹점주들에게도 B사와 거래를 강제했다. 이를 거부하는 몇몇 가맹점주에게는 물품 공급 중단, 계약 해지 및 갱신 거절 등의 조치를 취하겠다는 공문을 보내기도 했다. 이에 A사의 가맹점주는 모두 B사와 계약을 맺었다. A사의 행위는 위법할까?

결론부터 말하자면, A사의 행위는 위법하다. 프랜차이즈 가맹사업의 특성 중 하나는 고객에게 제공하는 상품 또는 용역의 내용이 동일하다는 것이다. 그 특성을 유지하려고 가맹점주들은 모두 본부에서 공급하는 설비나 상품, 원재료 등을 사용하게 마련이다. 그러나 이러한 특성으로 불공정 거래행위 같은 문제점이 생기기도 한다. 따라서 사업자들은 불공정 거래행위와 관련된 문제에 휘말려 곤란한 상황에 처하지 않으려면, 이에 대한 규정을 미리 숙지할 필요가 있다.

앞의 사례는 가맹사업법 제12조 제1항 제2호에서 금지하는 '거래 상대방 구속행위'라는 불공정 거래행위에 해당한다. 이는 가맹본부가 부동산이나 용역, 설비 등과 관련해 지정 업체가 공급하는 물건만 쓰도록 함으로써 가맹점주들의 선택권을 침해하는 행위를 가리킨다. 거래 상대방 구속행위가 성립하기 위해서는, ▲ 부당하게 ▲ 가맹본부가 점주에게 특정한 상대방과 거래할 것을 강제해야 한다.

다만, 다음의 3가지 예외 조건을 모두 충족하면 법 위반에 해당하지 않는다. ▲ 해당 상품 또는 용역 등이 경영에 필수적이라고 객관적으로 인정될 것 ▲ 특정한 상대방과 거래하지 않으면 가맹본부의 상품 또는 용역의 동일성을 유지하기 어렵다는 사실이 객관적으로 인정될 것 ▲ 가맹본부가 미리 정보 공개서를 통해 점주에게 해당 사실을 알리고 계약을 체결할 것이 해당 조건이다.

공정거래위원회는 다음과 같은 이유로 특정 해충방제업체와 지정 거래를 강제한 A사의 행위에 대해 시정명령을 내렸다(2014. 12. 8. 공정위 의결 제 2014-275호). "가맹본부가 상품과 용역의 동일성 유지를 위해 필요한 범위를 넘어 점주의 거래 상대방을 부당하게 강제하는 행위에 해당한다."

특정 업체와 계약을 하지 않을 시 내려진 조치들이 가맹본부라는 거래상 지위를 남용한 것이라고 본 것이다.

또한 공정위는 다음과 같이 법 위반 예외 상황에도 해당하지 않는다고 보았다. ▲ 해충방제 서비스는 A사의 가맹사업 대상인 치킨의 맛과 품질에 직접적 영향을 미친다고 보기 어렵다는 점에서 경영에 필수적인 부분이라고 객관적으로 인정하기 어려울 뿐만 아니라, ▲ 서비스를 제공하는 업체가 시장에 다수 존재하고 있다는 점에서 B사를 이용하지 않으면 A사의 상품인 치킨의 맛이나 품질의 동일성을 유지하기 어렵다는 사실이 객관적으로 인정된다고 보기도 어렵기 때문이다.

이처럼 가맹본부가 불공정 거래행위를 행하면 공정위는 해당 사업자를 상대로 불공정 행위와 더불어 해당 보복 조치의 중지 등 필요한 조치를 명하고, 과징금을 부과할 수 있다. 조치를 받았음에도 계속 위반한 사업자에 대해 공정위는 검찰에 고발할 수도 있다. 장기간·반복적인 불공정 거래행위는 가중처벌까지 될 수 있고, 무엇보다 회사 전체 이미지에도 부정적인 영향을 끼칠 수 있는 만큼 사업자들은 관련 법규에 대한 숙지를 통해 분쟁을 미리 방지하는 것이 좋다.

05

영업지역 도보로 30m로 설정, 불이익제공행위일까

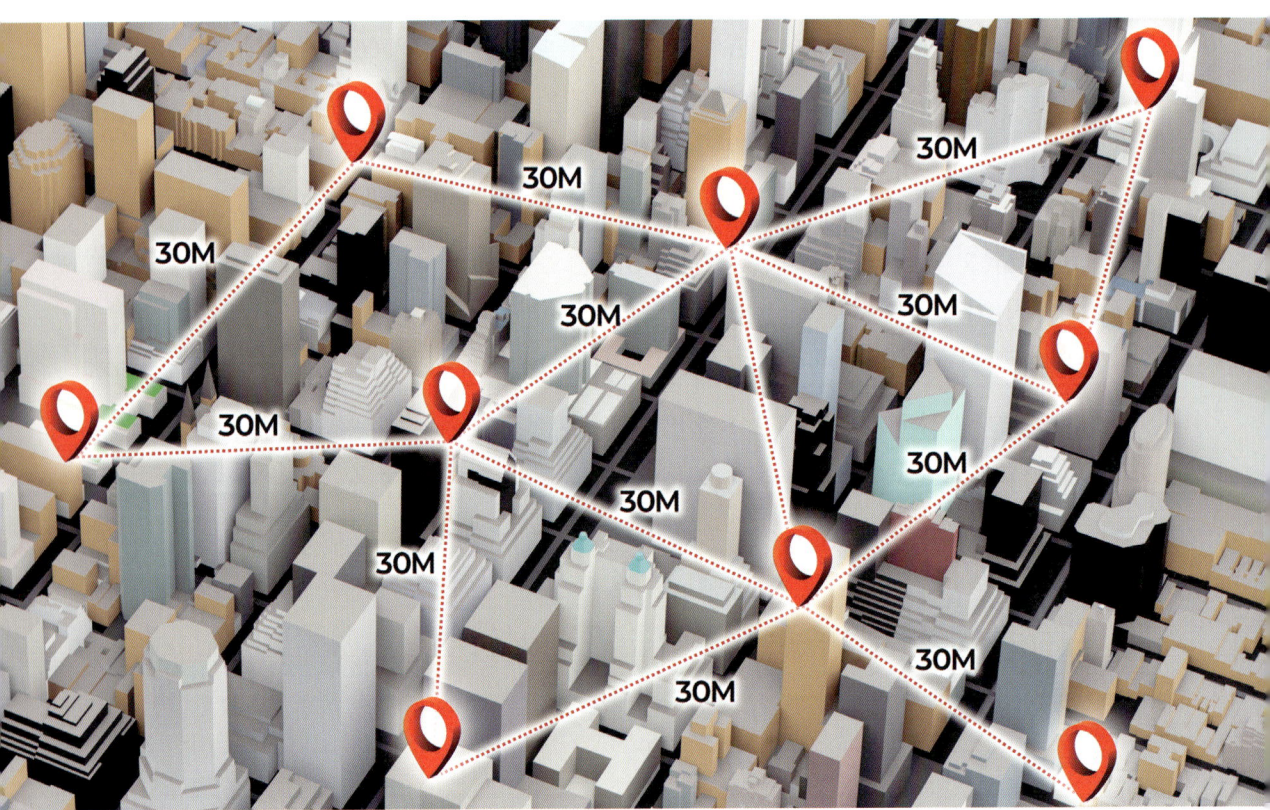

화장품 가맹본부 A는 기존에는 영업지역을 설정하지 아니하다가, 가맹사업법 제12조의4가 시행됨에 따라 2014년 9월부터 2016년 1월 기간 동안 63개 가맹점사업자에게는 가맹점 반경 도보 30m, 2016년 2월 이후 10개 가맹점사업자에게는 가맹점 반경 도보 100m를 영업지역으로 각각 설정하는 내용으로 가맹계약을 갱신하여 체결하였다. 이 과정에서 가맹본부 A는 가맹점사업자와 사전 협의하거나 동의절차를 거치지 않았다.

이러한 경우 가맹본부 A의 행위는 가맹점사업자들에게 불이익을 제공하는 것으로, 가맹사업법상 불이익제공행위(제12조 제1항 제3호)에 해당할까.

결론부터 말하면, 공정위와 서울고등법원은 가맹본부 A가 거래상 지위를 이용하여 가맹계약을 갱신하는 과정에서 가맹점사업자들의 영업 지역을 대폭 축소하는 방법으로 거래 조건을 부당하게 변경한 행위는 가맹사업법상 불이익제공행위(제12조 제1항 제3호)에 해당한다고 판단하였다.

가맹사업법 개정으로 2014년 8월 14일 이후 가맹본부는 계약서에 가맹점사업자의 영업지역을 반드시 설정하여야 하고, 영업지역 내에 동종 업종의 가맹점이나 직영점 설치가 금지되었다(가맹사업법 제12조의4 신설). 따라서 2014년 8월 14일 이전에 가맹계약을 체결한 경우, 해당 가맹 계약서에 영업지역이 설정되지 않았다면 2014년 8월 14일 이후 최초로 가맹계약을 갱신할 때 영업지역을 설정해야 한다.

공정위와 서울고등법원은 가맹본부 A가 영업지역을 신규로 설정함으로써 가맹점사업자 간 거리가 실질적으로 축소되고 기존 가맹점사업자 인근에 새로운 가맹점사업자의 개설이 가능해짐에 따라 기존 가맹점사업자의 매출이 하락하는 결과를 초래하게 되므로, 가맹본부 A의 행위는 가맹점사업자에게 불이익을 제공하는 행위라고 볼 수 있다고 보았다.

또한, 신규계약의 경우 가맹희망자는 가맹본부가 설정한 영업지역에 대한 설명을 듣고 난 후 가맹계약 체결여부에 대한 선택권을 가지고 결정할 수 있다. 그러나 위와 같은 사례처럼 갱신계약의 경우에는 가맹점사업자가 가맹사업을 위하여 투자하게 된 점포 및 내부시설비용 등을 고려할 때 계약 갱신여부에 대한 선택권을 자유롭게 가진다고 보기 어렵다고 판단하였다. 그럼에도 가맹본부 A는 영업지역을 신규로 설정하면서 영업지역 설정여부 및 범위, 효과 등 구체적 사항들에 대해 가맹점사업자들의 사전 협의 또는 별도의 동의 절차를 거치지 아니한 채 일방적으로 영업지역을 설정하고 가맹계약을 갱신하여 체결하였으므로 부당성도 인정된다고 판단하였다.

반면 가맹본부 A가 영업지역을 가맹점 반경 도보 30m 또는 100m로 설정하지 아니할 경우 가맹본부의 상표권을 보호하고 상품의 동일성을 유지하기 어렵다는 사실이 객관적으로 인정되는 경우로 보기 어렵고, 이러한 사실을 미리 정보공개서를 통하여 가맹점사업자에게 알리고 가맹점사업자와 계약을 체결한 것으로 보이지도 아니하므로 가맹사업법 시행령 제13조 제1항 관련 [별표 2] 제3호 단서규정상의 예외인정 요건에 해당하지 아니한 것으로 보인다고 판단하였다. 오히려, 가맹본부 A가 이와 같이 신규 영업지역을 설정한 것은 가맹본부의 상표권을 보호하거나 상품의 동일성을 유지하기 위한 것이 아니라, 계열회사인 C가 준비 중인 신규 화장품 브랜드숍 진출을 용이하게 진행하기 위한 것으로 추정된다고 보았다.

이처럼 영업지역 설정 이전 가맹점사업자들이 소재한 곳으로부터 가장 인접한 ○○화장품 가맹점은 30m 혹은 100m보다 훨씬 먼 거리에 소재하고 있었음에도, 계약서상 영업지역을 30m 또는 100m로 턱없이 좁게 설정함으로써 영업지역이 실질적으로 대폭 축소되었다고 볼 수 있다. 또한, 가맹본부 A가 가맹점사업자들의 영업 지역을 축소한 것은 기존의 ○○화장품 가맹점 사업자들이 입점해 있는 주요 상권에 ○○화장품의 세컨 브랜드인 계열회사 B의 출점을 용이하게 하기 위한 것으로, 판매제품과 가격대가 달라도 같은 업종의 가맹점이 인근에 출점하면 기존 가맹점의 매출 하락은 쉽게 예상되는 일임에도 자신의 세컨 브랜드 확장을 위해 기존 가맹점의 영업지역을 부당하게 축소했다고 볼 수 있다.

다만, 공정위와 서울고등법원의 판단처럼 도보 30m 또는 100m의 영업지역 설정으로 인해 인접 장소의 가맹점 개설 및 기존 가맹점의 매출이 하락할 개연성이 존재한다고 하더라도, 그 매출 하락의 정도가 명확히 특정되지 않는 이상 영업지역 설정으로 불이익이 제공되었다고 볼 수 있는지에 대해서는 논란이 있을 수 있다.

다시 말해, 공정위가 불이익제공행위를 이유로 시정명령을 부과하기 위해서는 거래상대방에게 발생한 불이익의 내용이 객관적으로 명확하게 확정되어야 하고, 그 불이익이 금전상의 손해인 경우에는 법률상 책임 있는 손해의 존재는 물론 그 범위(손해액)까지 명확하게 확정되어야 한다(대법원 2002. 5. 31. 선고 2000두6213 판결 참조).

이와 관련하여 공정위도 가맹본부 A가 영업지역을 설정한 이후 인근에 신규 가맹점을 개설한 사례가 없음을 인정하고 있는데, 실제 인접 장소에 신규 가맹점이 개설되거나 기존 가맹점의 매출이 실제로 감소되지 않은 이상, 단지 매출 하락의 개연성만으로 불이익의 존재와 범위가 명확히 확정되었다고 볼 수 있을지는 의문이다.

06

매출 증가하는 광고만
비용 분담이 가능하다고?

'○○카페' 가맹본부 A는 워크숍 방식으로 「○○카페 공모전: 땡큐! 리얼크리에이터」를 개최하였다. 공모전을 개최한 목적은 가맹본부 A의 영업표지인 '○○카페'의 브랜드 가치에 맞는 작가를 발굴하고 인재를 양성하여 "올바른 창작환경의 확산"이라는 개념을 추가하고, 브랜드 가치를 강화하기 위함이었다.

가맹본부 A는 공모전의 행사비용 약 4,700만 원 중 절반을 16개 가맹점주가 부담하라고 통보하였다. 공모전 비용 분담통지 후 가맹본부 A는 16개 가맹점주 중 15개 가맹점주로부터 공모전 비용을 수령하였다.

이러한 경우 가맹본부 A의 행위는 가맹사업법 제12조 제1항 제3호에서 금지하는 '불이익제공행위'에 해당할까.

결론부터 말하면, 공정위(위원회)는 ▲ 가맹본부 A가 공모전을 통하여 가맹본부 A의 브랜드 이미지가 강화되어 가맹점주의 상품판매에 긍정적인 영향을 주었고, ▲ 가맹점주가 부담한 공모전 비용이 가맹점주의 전체 매출액에서 차지하는 비중이 높지 않으므로 가맹점주에게 공모전 소요비용을 부담하게 한 행위는 불이익을 제공한 것으로 볼 수 없으며, ▲ 가맹본부 A와 가맹점주가 공모전 개최비용을 포함하여 각종 광고비용을 각각 절반씩 부담하는 사실을 정보공개서를 통하여 미리 알렸고, ▲ 이를 가맹계약서에도 반영하였으며, ▲ 공모전의 주제가 브랜드 이미지 또는 상품광고와 직접 연관이 있는지 여부에 따라 공모전과 브랜드 간 관련성을 판단하는 것은 타당하지 아니하다는 점을 근거로, 가맹본부 A의 공모전 비용 부담행위는 가맹사업법에서 금지하는 불이익제공행위에 해당하지 않는다고 판단하였다.

공정위 심사관 ··· 공모전은 상품홍보와 직접적인 연관이 없고 오히려 매출 하락한 것으로 보아 불이익제공행위에 해당한다고 판단

이 사례는 공모전 비용 분담에 불만을 가진 가맹점주들이 가맹본부 A가 가맹사업법 제12조 제1항 제3호에서 금지하는 '불이익제공행위'를 하였다는 이유로 공정위에 신고한 것으로, 가맹점주들의 신고를 접수한 공정위 심사관은 가맹본부 A의 행위가 불이익제공행위에 해당된다고 보고 심사보고서를 상정했다.

즉, 공정위 심사관은 ▲ 공모전 개최 목적이 브랜드 가치에 맞는 작가 발굴 및 인재양성으로 보이고 그 주제도 가맹점주가 판매하는 상품의 홍보, 판매촉진 등과 직접적인 연관이 있다고 보기 어려워 해당 공모전으로 가맹점주들에게 상품 판매촉진, 매출액 증대 등 전국적인 광고 효과가 발생하였다고 보기 어려운 점 ▲ 공모전을 전후하여 가맹본부 A의 가맹점 수와 매출액은 증가한 반면, 가맹점주들의 연 매출액은 대부분 감소하여 브랜드 이미지 강화 효과를 가맹본부 A가 독점하고 가맹점주들은 비용만 부담한 것으로 보이는 점 ▲ 공모전 비용을 부담한 가맹점주 중 상당수가 영업부진으로 휴업 또는 폐업을 하는 등 경영 여건이 매우 어려운 상황인 점 ▲ 가맹본부 A가 가맹점주들과 공모전 개최, 비용부담 등에 관하여 협의한 사실이 없고, 일부 가맹점주가 비용분담에 대하여 이의를 제기하자 가맹계약 해지를 언급한 점 등을 고려할 때, 가맹본부 A가 공모전 비용을 부담하게 한 행위는 자신의 가맹점주들에게 부당하게 불이익을 제공한 행위에 해당된다고 주장했다.

공정위 ··· 공모전이 상품홍보와 직접적으로 연관되지 않아도 이미지 제고 효과가 있다면 불이익제공행위라고 보기 어려워

이러한 공정위 심사관 주장에 대해 가맹본부 A는 ▲ 전국 광고의 실시는 매출액과 상관관계가 직접적으로 드러나지 않을 수 있는 점 ▲ 단기간의 매출 증가만을 위한 것이 아니라 장기적인 관점에서의 브랜드 이미지 제고를 위하여 실시되는 점 ▲ 광고의 소요비용을 선택적으로 부과하게 된다면 무임승차하는 가맹점주들이 발생할 수 있기 때문에 사전설명을 하였다는 점 ▲ 소요비용을 50%씩 분담하였기 때문에 분담금이 적정하다는 점 ▲ 결과물은 상품홍보에 사용된다는 점을 들어 가맹점주들에 대한 가맹본부 A의 광고비 분담은 정당한 행위라고 반박했다.

이에 공정위는 다음과 같은 사항들을 종합적으로 고려할 때, 가맹본부 A의 행위는 가맹사업법 제12조 제1항 제3호에 해당하는 위법한 행위로 보기 어렵다고 판단하였다.

우선, ▲ 공모전은 가맹본부 A의 주요한 광고수단으로 활용되고 있고 공모전이 가맹점주가 판매하는 제품과의 구체적인 관련성이 없다고 하여 '○○카페' 브랜드의 이미지 제고효과가 없었다고 보기 어려운 점 ▲ 가맹본부 A의 행위가 가맹점주에게 불이익을 제공한 행위에 해당하기 위해서는 가맹점주에게 다소 불이익한 정도를 넘어 판매목표 강제, 이익제공 강요 등과 동일시할 정도로 불이익을 주었음이 입증되어야 하는바, 가맹본부 A의 행위로 인해 가맹점주에게 초래된 불이익의 규모와 공모전이 매출증가에 영향을 미치지 않았다는 점 등을 입증할 자료가 없는 점 ▲ 가맹점주의 영업부진, 휴·폐업 등과 공모전 간에 직접적인 관련이 있다고 보기 어려운 점 등을 고려할 때 불이익을 제공한 것으로 보기 곤란하다고 판단하였다.

또한, ▲ 가맹계약서에 브랜드 이미지광고, 상품광고, 공모전 등 광고의 대상, 실시방법, 비용분담의 원칙 및 방식 등에 관하여 세부적으로 규정하고 있으므로, 공모전은 가맹본부 A가 계약서에 근거를 두고 시행된 것인 점 ▲ 가맹점주가 공모전 소요비용 부담을 거절할 경우 그 자체로 계약해지 사유가 되는 것은 아니므로 가맹본부 A가 가맹점주들에게 비용부담을 통지하는 등의 과정에서 계약해지를 언급한 행위만으로 부당성이 당연히 인정되는 것으로 보기는 어려운 점 등을 고려할 때, 가맹본부 A가 자신의 거래상 지위를 부당하게 이용한 것으로 보기도 어렵다고 판단하였다.

갑이든 을이든 부당한 횡포는 더 이상 통하지 않는다는 점을 확인해 준 사례라고 생각

이 사례는 최근 공정위가 사회전반에 뿌리 깊게 박혀 있는 이른바 가맹본부의 갑질을 개선하기 위해 많은 노력을 하고 있는 가운데, 이러한 시류에 편승해 한 몫 챙기려는 소위 '블랙 을', '슈퍼 을'의 횡포에 대해 제동을 건 사례라고 할 수 있다.

가맹본부 A가 이미 가맹점주들과의 가맹계약서에서 공모전 실시에 대한 비용 분담을 명시하였고, 공모전 개최 결과 브랜드 이미지가 강화되었음에도 불구하고 일부 가맹점주들이 자신의 매출액이 증가하지 않은 것을 이유로 가맹본부 A의 적법한 행사비용 분담에 대해 공정위 신고는 물론, 검찰고소, 민사소송, 언론보도 등까지 강행하는 악의적인 을의 횡포가 자행되었고, 이에 대해 공정위에서는 갑이든 을이든 부당한 횡포는 더 이상 통하지 않는다는 점을 확인시켜 준 의미가 있다고 볼 수 있다.

07

상생을 위한 첫걸음, NO!
기술유용행위?!

대기업인 A사는 수급사업자인 중소기업 B사에게 배터리 라벨 제조 관련 기술자료를 23회에 걸쳐 전자우편, 전화 등을 통해 요구했다. A사는 B사로부터 기술자료를 받아내고서는 자신의 해외 자회사인 중국 법인에 자료를 유용하도록 하였다. B사가 A사의 요구로 제공한 기술자료는 B사의 특허와 관련된 배터리 라벨의 원가 자료와 원재료 사양정보, 상표 제조방법과 제조설비 등 제조과정 전반에 걸친 것으로, 이 자료는 B사에 의해 비밀리에 관리되고 있었다. A사는 B사로부터 제공받은 기술자료를 활용하여 중국 법인 내에 배터리 라벨 제조시설을 설치하여 배터리 라벨을 생산했다.

결국 공정위는 A사가 B사에게 정당한 사유 없이 기술자료 제공을 요구하였고, 이를 제출받아 유용하였다고 판단하고(하도급법 제12조의3 제1항 및 제3항 위반), A사에 대하여 시정명령, 임직원 교육이수명령, 과징금 부과와 함께 검찰고발 조치했다. 이 조치는 지난 2010년 대기업의 중소 수급사업자를 대상으로 한 기술자료 제공 요구·유용행위 관련 제도를 도입한 이후 최초로 적발된 사례이다.

기술유용을 효과적이고 강력하게 차단 필요 …
대·중소기업 간 상생협력을 위한 기술 유용행위 근절 대책 마련

기술력을 갖춘 강소기업을 보호하고 육성하는 것은 4차 산업혁명 시대를 대비하고 소득주도 성장 및 글로벌 경쟁력을 강화하기 위해 필수적이다. 그러나 대·중소기업 간 기술자료 요구·유용이 여전히 상존하고 있고, 그 결과 중소기업의 경쟁력 및 기술개발 유인을 크게 저해하고 있는 실정이다. 올해 초 중소벤처기업부가 중소기업을 상대로 최근 3년간 기술유출 피해경험이 있는 중소기업의 비율을 조사한 결과 3.5%(52개 사)에 달했다. 그럼에도 불구하고 기술유용, 부당기술요구 등으로 정작 공정위로부터 제재를 받은 사건은 각각 1건에 불과했다는 사실은 현재의 집행체계로는 기술유용 적발에 한계가 있고 법과 제도 역시 중소기업 기술을 충분히 보호하는데 역부족이었음을 보여주고 있다.

그래서 공정위는 2017년에 대기업의 대·중소기업 간 상생협력을 위한 기술유용 행위 근절대책을 발표했다. 이러한 대책으로 기존에는 제재할 수 없었던 기술유용 행위가 앞으로는 제재가 가능해질 수 있을 것으로 보인다. 예를 들어 ▲ 협력평가 우수기업인 대기업 A사의 기술유용 행위에 대해 민원이 접수된 경우, 기존에는 협력평가 우수기업 인센티브로 직권조사가 불가했으나 이제는 민원내용 등을 바탕으로 직권조사 실시 가능 ▲ 원사업자가 수급사업자의 기술을 제3의 업체에게 제공하였으나 구체적인 유용행위에 대한 증빙이 부족한 경우, 기존에는 기술유용에 대한 입증이 불가능해 사건처리가 불가했으나 이제는 기술자료를 제3자에게 유출한 행위만을 근거로 제재 가능 ▲ 원사업자가 수급사업자에게 세부원가 내역서 및 원가내역이 맞는지 확인하기 위한 세부증빙도 요구한 경우, 기존에는 부당한 경영정보 요구에 대한 제재가 불가했으나 이제는 경영정보 요구 금지 위반으로 제재 가능 ▲ 대기업에게 물건을 납품한 후 3년간 사후관리를 진행하는 도중 대기업의 기술유용으로 피해를 입어 납품 후 3년이 경과한 이후 공정위에 신고한 경우, 기존에는 시효도과로 사건처리가 불가했으나 이제는 납품 후 7년 이내에 해당하는 경우 사건처리 가능 ▲ 대기업이 수급사업자를 선정하는 과정에서 제조방법·도면 등 기술자료를 요구해 유사제품을 제조하고 하도급계약은 체결하지 않은 경우, 기존에는 적극적인 제재에 한계가 있었으나 이제는 수급사업자의 사업활동을 상당히 곤란하게 한 행위(공정거래법상 사업활동 방해행위)로 보아 적극적으로 대응이 가능해졌다.

이와 같은 근절대책 마련은 그동안 억울함을 겪고도 제대로 호소할 방법이 없거나 구제받기 어려웠던 중소기업들의 기술탈취 문제를 해결할 희망을 줄 수 있으리라 기대된다. 또한 기술자료 부당 요구 등에 대한 구체적인 사례 제시 등으로 대기업 스스로도 위법행위를 사전에 인지하고 자율적으로 법을 준수하려는 노력을 할 수 있을 것으로 기대된다.

우리나라 중소기업의 기술과 제품이 토대가 된 아이폰 … 우리나라 중소기업의 안타까운 현실을 반영

스티브 잡스에 이어 애플의 새 CEO인 팀 쿡이 우리나라 정보기술(IT) 분야 제품력과 아이디어를 높이 평가했던 사실이 뒤늦게 알려져 화제가 된 적이 있었다. 팀 쿡에게 아이폰의 혁신적인 개발이 어떻게 이뤄졌는지에 대해 묻자, 그는 이렇게 답했다고 한다. "스마트폰 별거 아니다. 한국에서 사용되다 사라졌거나 세계화되지 못한 것들이 많았는데, 그걸 모아다 연구하고 다시 조립한 게 바로 스마트폰이다."

사실 스마트폰의 원천기술은 분당의 한 중소벤처기업에서 개발하였으나 우리나라 대기업들이 그 기술을 공짜로 빼앗으려 하자 중국으로 건너가 차이나 텔레콤에서 기술설명회를 한 후 헐값에 중개인에게 팔았고, 그 기술이 다시 애플사에 팔려 스크린 터치방식으로 업그레이드시켜 성공한 케이스라고 한다. 우리나라 국민의 한 사람으로서 매우 안타까운 마음이 드는 건 왜일까.

법·제도에 앞서 대기업과 중소기업 간 수직적 관계에서 벗어나
수평적인 상생의 관계를 위한 마인드 변화가 필요

인공지능(AI), 사물인터넷(IoT) 등으로 대표되는 4차 산업혁명 시대에는 반짝이는 아이디어와 혁신적인 기술력으로 틈새 시장을 공략하고 새로운 시장을 창출하는 강소기업의 역할이 그 어느 때보다 중요하다. 그럼에도 불구하고 아직까지 중소기업들이 평생 들여 개발한 기술을 빼앗는 기술유용 행위가 여전한 바, 이러한 기술유용 행위는 중소기업의 창업과 투자를 저해하고 우리 경제의 성장 잠재력을 잠식하는 반사회적 행위라는 점에서 반드시 근절되어야 할 것이다. 그리고 무엇보다 이러한 근절대책에 앞서 대기업과 중소기업 간의 수직적인 갑과 을의 관계에서 벗어나 수평적인 상생의 관계를 위한 기업 자체적인 마인드 변화가 우선 이루어지길 바라본다.

08

우리한테만 신제품 안 주는데, 차별취급 아냐?

골프 시뮬레이터(이하 'GS') 판매사업자 A는 GS 신제품 'B' 출시 전에 'B'에 관하여 가맹사업을 실시하기로 하여, 그 가맹계약 체결여부에 따라 가맹점에서는 'B'를 공급하면서도 비가맹점에는 'B'를 공급하지 않고 어떠한 신규 GS도 공급하지 않았다. 이러한 A의 행위는 GS 신제품 공급의 거래조건에서 가맹점과 비가맹점을 차별하는 것으로서, 공정거래법에서 금지하는 '거래조건차별'에 해당할까.

결론부터 말하면, 공정거래위원회는 A의 행위가 비가맹점들의 가맹 전환을 강제할 목적으로 가맹점과 비가맹점을 부당하게 차별하였다고 보고 A에게 시정명령과 과징금을 부과하고 검찰고발 했으나, 서울고법은 A의 행위가 거래조건차별에 해당한다고 보기 어렵다고 판단하면서 시정명령과 과징금을 모두 취소했고, 서울중앙지검 또한 무혐의 결정했다.

공정거래법에서 금지하는 '거래조건차별'에 해당하기 위해서는 특정사업자에 대한 거래조건이나 거래내용이 다른 사업자에 대한 것보다 유리 또는 불리하여야 할 뿐만 아니라 그 유리 또는 불리한 정도가 현저하여야 하고, 그렇게 차별취급하는 것이 부당한 것이어야 한다.

거래조건차별 대상인 특정사업자와 관련하여, 공정위는 A와 계속적인 거래관계에 있는 사업자 중에서 가맹계약을 체결한 사업자에게는 GS 신제품 'B'를 공급하고 그렇지 않은 비가맹점에게는 공급하지 않는 것으로서 가맹점 가입 기준이라는 특정한 기준을 충족하지 못하는 사업자를 차별한 것이라고 보았다.

하지만, 서울고법은 특정사업자의 범위는 차별이 문제되는 거래조건이나 거래내용을 통해 획정되어서는 안 되고, 그 외의 다른 기준으로 획정되어야 한다고 판단하였다. 그 이유로 만약 특정사업자를 차별이 문제되는 거래조건이나 거래내용으로써 획정한다면, 그 특정사업자는 항상 유리하거나 불리한 취급을 받게 되는 순환논법에 빠진다는 점을 들었다. 왜냐하면, 가맹계약을 체결하지 않은 사업자를 특정사업자로 본다면, A가 비가맹사업자에게 비가맹을 이유로 가맹사업 제품인 'B'를 공급하지 않음으로써 비가맹사업자를 차별했다는 식으로 동어반복이 발생하기 때문이다.

한편, 현저한 거래조건차별과 관련하여, 공정위는 A의 신제품 'B'가 스크린골프장 사업을 영위하는 사업자에게는 필수적인 요소이므로 이를 가맹점에게는 공급하고 비가맹점에게 공급하지 아니한 행위는 비가맹점이 신제품 'B'를 구비하지 못하여 시장수요 변화에 대응하지 못하게 함으로써 가맹점에 비해 심각한 경쟁 열위 상태에 처하게 하는 것이므로, 현저한 거래조건차별에 해당한다고 보았다.

반면, 서울고법은 거래조건차별은 동등한 거래에 있는 거래상대방에게 동일한 거래 대상 또는 품질, 기능, 성능 면에서 동일하다고 볼 수 있는 거래 대상을 가격 외의 거래내용에서 다르게 취급하는 것이라고 하면서 GS 신제품 'B'가 기존 비가맹점에게 공급하던 GS와는 확연히 차이가 나며, 이처럼 기능과 성능을 달리하는 GS 신제품 'B'의 거래방법, 대금 결제조건 등을 종전에 공급하던 GS와 달리하는 것은 허용되고, 이를 금지하고 양자를 통일적·일률적으로 취급하도록 강제하기 위해서는 법률상이나 계약상으로 명확한 근거가 있어야 하는데 공정거래법에는 이에 관한 명시적 규정이 없을 뿐만 아니라 A와 기존 사업자 사이의 거래가 일회적·단발적인 계약이었으므로 A에게 GS를 매수한 기존 사업자가 매출을 안정적으로 유지하면서 사업활동을 영위

할 수 있도록 보호할 의무는 없다고 판단하였다.

　이와 함께, A가 기존 GS 공급 당시 가맹점, 비가맹점 여부를 구별하지 않고 모두 공급했다는 사정만으로는 A가 GS 신제품 'B'를 공급하는 데에서도 가맹점 가입 여부에 상관없이 모두 동등한 거래 관계에 놓은 사업자라고 볼 수 없다고 보았다.

　결국 공정위는 A의 신제품 'B'가 기존보다 현실감을 향상시키기 위해 이루어져왔고 그 결과 기존 제품을 수요 및 공급 측면에서 대체해 왔다는 점에서 신제품 'B'가 비가맹점이 매출을 안정적으로 유지하면서 사업활동을 영위하기 위해서 필수적이라고 보았지만, 서울고법은 여전히 스크린골프에서 신제품 'B'보다 기존 GS가 더 많이 이용되고 있다는 통계자료를 기초로 기능과 성능에서 신제품 'B'가 기존 GS와 경쟁관계에 있다는 것을 넘어 기존 GS가 신제품 'B'보다 열악하여 'B'와 경쟁할 수 없다고 보기는 어려우므로, 신제품 'B'가 비가맹점에 대해 핵심적이거나 필수적인 요소가 아니라고 본 것이다.

　자유시장 경제체제에서 거래상대방에 따라 거래 조건을 차별하는 행위 자체를 위법하다고 보기는 어렵다. 하지만, 특정 사업자에 대해 합리적인 이유 없이 핵심적인 요소의 공급을 차별하여 그들의 사업활동을 곤란하게 하는 것은 거래조건 설정 자유의 한계를 일탈한 것이라고 볼 수 있다. 그리고 차별의 대상이 되는 그 거래조건이 특정사업자에 대해 핵심적이거나 필수적인지 여부에 대한 입증에 따라 그 결론은 달라질 수 있다.

09

무늬만 위탁관리계약?
내용도 면밀히 살펴야 하는 이유

영화관 팝콘 비싸도 되는 이유

가맹본부 A(영업표지: ○○커피)는 2013년 7월 초 국립중앙의료원 건물 1층에 위치한 점포의 사용 허가 입찰에 참가하여 낙찰자로 선정되었고, 해당 점포를 커피전문점으로 사용하기 위한 계약을 국립중앙의료원과 체결했다. 가맹본부 A는 위 계약 체결 직후 가맹희망자 B와 커피전문점 위탁관리계약을 체결하고 1년치 임차료, 인테리어 시공 비용, 교육비 등의 명목으로 총 316,000,000원을 수령했다.

　가맹본부 A는 B와 체결한 계약은 가맹계약이 아닌 위탁관리계약이라는 이유로 정보공개서를 제공하지 않았다. 그러나 가맹본부 A가 B와 체결한 계약은 그 명칭은 위탁관리계약이지만, 그 운영의 실질은 위수탁거래가 아닌 가맹사업이었다. 즉, 점포에서 발생한 영업이익과 손실은 B에게 귀속되었고, 점포의 인테리어 비용, 각종 시설·집기 설치 비용, 임차료·관리비, 재고 손실 등 점포의 개설·운영에 소요되는 비용 등도 모두 B가 부담했다.

　이러한 경우 가맹본부 A의 행위는 가맹사업법이 적용되어 가맹사업법 제7조 제2항에서 금지하는 '가맹희망자에게 공정거래위원회에 등록된 정보공개서를 제공하지 아니한 상태에서 가맹희망자로부터 가맹금을 수령하거나 가맹계약을 체결한 행위'에 해당할까.

　결론부터 말하면, 공정위는 이 사건 계약의 명칭과는 별개로 그 내용과 운영의 실질이 가맹계약이라고 판단하였고, 가맹본부 A는 가맹사업에 해당함에도 정보공개서를 제공하지 않은 상태에서 가맹희망자인 B와 가맹계약을 체결하고 가맹금을 수령하는 행위를 하였으므로, 가맹사업법 제7조(정보공개서의 제공의무 등)에 위반된다고 판단하여 시정명령을 부과했다.

　이 사건 위탁관리계약이 가맹본부 A와 B 간 가맹사업에 해당하기 위해서는 가맹사업법 제2조 제1호에서 규정하는 다섯 가지 요건(① 가맹본부의 상표·서비스표·상호·간판 등 영업표지 사용, ② 일정한 품질기준이나 영업방식에 따라 상품·용역을 판매, ③ 영업활동에 대한 가맹본부의 지원·교육 및 통제, ④ 가맹점사업자는 영업표지 사용 및 지원·교육에 대한 대가로 가맹본부에 가맹금 지급, ⑤ 계속적인 거래관계)을 모두 충족하여야 한다.

이와 관련하여 공정위는 다음과 같은 이유로 이 사건 위탁관리계약은 그 명칭과는 별개로 그 내용과 운영의 실질이 가맹사업법상 가맹사업에 해당하므로, 가맹본부 A가 B에게 정보공개서를 제공하지 아니한 상태에서 가맹계약을 체결하고 가맹금을 수령한 행위는 가맹사업법 제7조 제2항에 위반된다고 판단하였다.

즉, B는 가맹본부의 ○○커피 영어표지를 사용하였고(①), 이 사건 점포의 시설·인테리어가 ○○커피 콘셉트에 부합하였고, 가맹본부 A의 영업방식에 따라 가맹본부 A의 다른 가맹점들과 동일한 방식으로 커피, 음료 등을 판매하였으며(②), 영업활동에 대한 가맹본부 A의 교육 및 통제가 있었고(③), B가 가맹본부 A에게 지급한 180백만 원은 B가 가맹본부 A의 영업표지 사용 및 지원·교육 등에 대한 대가로 가맹본부 A에게 지급한 가맹금에 해당하고(④), B가 이 사건 점포 운영 중 가맹본부 A로부터 원·부자재를 지속적으로 공급받았으므로 계속적 거래관계(⑤)에 있다고 보았다.

위와 같은 공정위 판단에 앞서 가맹본부 A는 이 사건 점포가 가맹점이 아닌 직영점이고, B는 이 사건 점포의 위탁관리인에 불과하며, 가맹본부 A에게 가맹금을 지급한 바 없으므로 이 사건 위탁관리계약은 가맹사업법상 가맹사업에 해당하지 않는다고 주장했다.

그러나 공정위는 통상 '위수탁거래'라 함은 '수탁자가 위탁자의 계산으로 상품 또는 용역을 판매하고 그 법적 효과는 위탁자에게 귀속하는 법률행위'를 의미하는데, 이 사건 위탁관리계약이 그 실질도 위수탁거래에 해당하려면, 이 사건 점포에서 취급하는 상품 또는 용역의 실질적인 소유권 귀속 주체 및 당해 상품 또는 용역의 판매·취급에 따른 실질적인 위험의 부담주체가 가맹본부 A이어야 하는바, 다음을 감안할 때 이 사건 위탁관리계약의 실질은 위수탁거래로 볼 수 없다며 가맹본부 A의 주장을 받아들이지 않았다.

첫째, 가맹본부 A는 이 사건 점포에서 발생한 총매출액에서 원·부자재 및 점포 관리비 등 점포운영비용을 공제한 비용을 B에게 전액 지급하였으므로, 이 사건 점포에서 발생한 영업이익과 손실은 가맹본부 A가 아닌 B에게 전부 귀속되었다.

둘째, 가맹본부 A가 공급하는 원·부자재의 재고손실도 모두 B가 부담하였다.

셋째, 이 사건 점포의 인테리어 비용, 각종 시설·집기 설치비용, 직원 임금 및 보험료, 임차료·관리비 등 점포의 개설·운영에 소요되는 비용 전부를 B가 부담하였다.

또한, 이 사건 위탁관리계약서에서 가맹본부 A를 가맹본부, B를 가맹점사업자로 칭하고 있었으며, B가 가맹본부 A에게 지급해야 하는 금원인 180백만 원의 명목에 가맹비·교육비가 포함되어 있은바, 결국 동 금원은 B가 가맹본부 A의 영업표지 사용 및 지원·교육 등에 대한 대가로 가맹본부 A에게 지급한 가맹금으로 보는 것이 타당하다.

더불어, 가맹본부 A는 블로그나 언론기사 등을 통해 병원, 백화점 등 수요층이 안정적인 특수상권에서의 창업을 홍보하고 있는데, 창업이라 함은 직영점이 아닌 가맹점에 해당하는 사항이며, 언론보도 내용에서도 가맹비·교육비 및 물품보증금을 한시적으로 면제한다고 소개하면서 국립중앙의료원점을 명시하고 있는데, 가맹본부 A 스스로도 이 사건 거래방식을 가맹계약을 보고 있다.

가맹본부들이 병원, 대형마트 등 안정적인 상권에 위치한 점포를 임차한 후, 해당 점포의 위탁관리계약을 가맹희망자와 체결하면서 가맹계약이 아니라는 이유로 정보공개서를 제공하지 않는 경우가 있다.

그러나, 계약 내용을 살펴보면 가맹계약과 차이가 없고, 오히려 우수 상권이라는 이유로 소위 프리미엄(웃돈)까지 부가하며, 가맹희망자들은 통상적인 가맹계약 시보다 더 많은 투자를 하게 된다.

가맹계약인지 여부는 그 명칭이 아니라 계약내용에 따라 결정되므로, 가맹희망자들은 자신이 체결한 계약의 내용을 면밀히 살펴봐야 한다. 왜냐하면 가맹계약의 경우 가맹사업법의 적용을 받게 되므로 위수탁계약에 비해 가맹희망자는 더 많은 보호를 받을 수 있기 때문이다.

특히, 영업 이익과 손실이 가맹희망자에게 귀속되고, 점포의 개설·운영에 소요되는 비용을 모두 가맹희망자가 부담한다면 위수탁계약이 아닌 가맹계약일 가능성이 크므로, 가맹희망자는 계약 내용을 살펴 정보공개서를 제공받아야 한다.

또한, 가맹계약에서는 가맹본부가 가맹희망자에게 정보공개서를 제공하지 않았다면 가맹금의 반환을 요구할 수 있다. 이 경우 가맹희망자는 가맹본부에게 가맹계약 체결일로부터 4개월 이내에 가맹금 반환을 서면으로 요청할 수 있다.

백광현 변호사

- 고려대학교 법과대학 졸업
- 사법연수원 수료(제36기)
- 법무법인(유한) 바른 파트너 변호사(공정거래2팀장)
- 한국하도급법학회 부회장
- 서울대학교 전문분야 법학연구과정 수료(공정거래와 한국의 미래)
- Steptoe & Johnson LLP(미국 로펌, International Legal Trainee)
- 공정경쟁연합회 공정거래법 전문연구과정 수료(제6기)
- 고려대학교 법학전문대학원 겸임교수(공정거래법 실무)
- 한국경제, 서울경제, 머니투데이, 이투데이, 삼일아이닷컴, 리멤버 칼럼위원(공정거래분야)
- 공정거래위원회 정보공개심의회 위원
- TOP AWARDS 법조계/공정거래 부문 대상(3년 연속 수상)
- 스포츠 조선 선정 자랑스러운 혁신한국인 & 파워브랜드 대상(공정거래 부문)
- Legal Times 선정 '2023, 2024 2년 연속 Leading Lawyer(공정거래 부문)
- 한국경제 '2024년 하반기 더펜 베스트 필진' 선정